Hildegard Gosebrink

Hildegard von Bingen begegnen

Hildegard Gosebrink

Hildegard von Bingen begegnen

SANKT ULRICH VERLAG GmbH

Die Deutsche Bibliothek – CIP-Einheitsaufnahme

Gosebrink, Hildegard:
Hildegard von Bingen begegnen / Hildegard Gosebrink. - Augsburg :
Sankt-Ulrich-Verl., 2002
ISBN 3-929246-76-7

© 2002 by Sankt Ulrich Verlag GmbH, Augsburg
Alle Rechte vorbehalten
Umschlaggestaltung: UV Werbung, Mediengruppe Sankt Ulrich Verlag, Augsburg
Titelbilder: KNA, Bayer. Staatsbibliothek, München
Druck und Herstellung: Ludwig Auer GmbH, Donauwörth
Printed in Germany
ISBN 3-929246-76-7

LEBENSLAUF

Ein erster Blick auf Hildegard von Bingen

1098	Hildegard wird als zehntes Kind der Edelfreien von Bermersheim bei Alzey geboren.
1106 o. 12	1. November: Mit Magistra Jutta von Sponheim Bezug der an das Benediktinerkloster auf dem Disibodenberg angeschlossenen Frauenklause.
Spät. 1115	Ablegung der Gelübde als Benediktinerin.
1136	Nach dem Tod Juttas am 22. Dezember wird Hildegard ihre Nachfolgerin als Magistra.
1141–1151	Hildegard schreibt *Scivias, Wisse die Wege* (Teil 1 der 3bändigen Theologie in Bildern). Volmar wird ihr Vertrauter und Sekretär.
1146/47	Hildegard bittet Bernhard von Clairvaux um eine Bestätigung ihres prophetischen Auftrags.
1147/48	Papst Eugen III. bestätigt Hildegards prophetischen Auftrag.
1148	Erster Nachweis für Hildegards musikalische Produktivität.
Um 1150	Hildegard verläßt mit 20 Nonnen den Disibodenberg und bezieht ein Kloster auf dem Rupertsberg bei Bingen.
1151 o. 52	1. Mai: Weihe der Klosterkirche auf dem Rupertsberg durch Erzbischof Heinrich von Mainz.
1151	Hildegards „Lieblingsnonne" und Sekretärin Richardis von Stade nimmt die Wahl zur Äbtissin des Klosters Bassum bei Bremen an.
1151–1158	Hildegard schreibt am *Liber subtilitatum diversarum naturarum creaturarum*, dem Buch über die Feinheiten der verschiedenen Naturen der Geschöpfe.
1152	Richardis stirbt am 29. Oktober in Bassum.

1154–1170	Die älteste heute erhaltene Handschrift mit Werken Hildegards entsteht: der Zwiefaltener Briefcodex.
Um 1155	Auseinandersetzungen mit dem Disibodenberg.
1158–1163	*Liber Vitae Meritorum*, das Buch das Lebensverdienste (Teil 2 der Trilogie).
1159 ff.	Kaiser Friedrich I. Barbarossa verursacht durch Gegenpäpste 18jähriges Schisma.
1163	Kloster unter kaiserlichem Schutz.
1165–1174	*Liber Divinorum Operum*, das Buch der göttlichen Werke (Teil 3 der Trilogie).
Um 1165	Hildegard gründet in Eibingen ein Kloster.
1173	Tod Volmars. Konflikt mit dem Konvent vom Disibodenberg.
1174	Gottfried, neuer Sekretär und Spiritual auf dem Rupertsberg, beginnt, eine *Vita* über Hildegard zu schreiben.
1175 o. 76	Tod Gottfrieds.
1177	Wibert von Gembloux, ein Verehrer Hildegards und ihrer Schriften, kommt nach Bingen und bleibt als Sekretär auf dem Rupertsberg.
1178	Mainzer Domkapitel verhängt Interdikt über Hildegards Kloster.
1179	Nach etlichen Wirren wird das Interdikt aufgehoben. Hildegard stirbt am 17. September.
Um 1185	Theoderich von Echternach führt die von Gottfried begonnene *Vita* zu Ende.
1228	Papst Gregor IX. eröffnet das Heiligsprechungsverfahren für Hildegard, das bis heute nicht zum Abschluss gekommen ist.
1632	Hildegards Kloster auf dem Binger Rupertsberg wird ein Opfer des Dreißigjährigen Krieges.
1802	Hildegards Kloster in Eibingen wird im Zuge der Säkularisation aufgehoben.
1900–1904	Im Weinberg oberhalb Eibingens entsteht die neue Abtei St. Hildegard, besiedelt von Benediktinerinnen aus Prag.

INHALT

I. HILDEGARD UND IHRE ZEIT

Ein Blick ins 12. Jahrhundert	10
Die erste Lebenshälfte	21
Unterwegs zu Selbstbewußtsein und Selbständigkeit	26
Wirken als Äbtissin und anerkannte Prophetin	32
Wirkungsgeschichte	48

II. GOTT WIRD SICHTBAR IN SCHÖPFUNG UND GESCHICHTE

Visionen im Dienst von Legitimation und Autorität	54
Der Inhalt der Visionen: Kunstvolle Deutung der Heiligen Schrift	62
Gottes ewiger Ratschluß	75
Schöpfung und Mensch	83
Leib und Seele, Mann und Frau	90
Die Katastrophe der Sünde	107
Der Alte Bund	119
Christus und die Kirche	127
Das Ende als Vollendung	138
Naturkunde und Medizin	146
Edelsteine als Heil-Mittel	159
Die wunderbare Heilung einer kranken Frau	168

KURZTITEL, LESE- UND HÖRTIPS   174

I. Hildegard und ihre Zeit

Ein Blick ins 12. Jahrhundert

„Im Jahr 1100 nach der Menschwerdung Christi begann die Lehre der Apostel und die glühende Gerechtigkeit, die er in Christen und Geistlichen aufgerichtet hatte, träge zu werden und verwandelte sich in Zweifel. Zu jener Zeit wurde ich geboren ..." (Vita, S. 125). So und ähnlich äußert sich Hildegard immer wieder über das Jahrhundert, in dem sie lebte. Das obige Zitat stammt aus autobiographischen Notizen, die nach ihrem Tod in die Vita eingearbeitet werden. Als Hildegard diesen Satz formuliert, ist sie wahrscheinlich schon eine alte, erfahrene, bekannte und vielerorts anerkannte Frau. Mit den Jahreszahlen nimmt sie es nicht so genau, denn geboren wurde Hildegard nicht 1100, sondern 1098. Das ergibt sich eindeutig aus dem Vorwort ihres Erstlingswerkes *Scivias*: Im Jahre 1141, als sie 42 Jahre und sieben Monate alt war, wurde sie von Gott zur Niederschrift ihres ersten Buches berufen. Einige Jahrzehnte später geht es ihr im obigen Zitat mehr darum, ein Urteil über das Jahrhundert auszusprechen, in dem sie wirkte, ja in dem es notwendig wurde, daß sie auf göttlichen Befehl in Briefen und Büchern zu wirken begann. Der Anbruch eines Jahrhunderts, das Hildegard durch Trägheit und Zweifel in der abendländischen Christenheit gekennzeichnet sieht, und ihre eigene Geburt fallen zusammen.

An vielen anderen Stellen ihrer Schriften spricht Hildegard vom *tempus muliebre,* von der *weibischen Zeit,* in der sie lebte. Das ist – bei aller Wertschätzung, die Hildegard sonst in ihrem Werk weiblichen Bildern und Gestalten zukommen läßt – hier eindeutig negativ gemeint und steht für Trägheit, Lauheit, Unsicherheit, Verweichlichung. Hildegard sieht die Substanz des Christentums bedroht – sowohl von innen als auch von außen.

---

*Vita sanctae Hildegardis – Das Leben der heiligen Hildegard von Bingen. Lat./Dt. Übers. u. eingel. von Monika Klaes, 1998 (Fontes Christiani, 29). (Kurztitel = **Vita**).*

Vita: lat. Leben, Lebensgeschichte, oft im Dienst einer erstrebten Heiligsprechung nach dem Tod einer Persönlichkeit verfaßt, um – z.B. durch den Bericht von Wundern – das Exemplarische und Vorbildhafte dieser Person und das Wirken Gottes in ihrem Leben darzustellen.

Mißstände im Innern der Kirche

Zu den Bedrohungen von innen zählt zweifelsohne die Auseinandersetzung zwischen geistlicher und weltlicher Herrschaft, die sich im 11. und 12. Jahrhundert vor allem im *Investiturstreit* um die Einsetzung der Bischöfe, an der sowohl Kaiser als auch Papst politisches Interesse haben, niederschlägt. 1077 hat der Salierkönig Heinrich IV. seinen berühmten Gang nach Canossa angetreten und im demütigen Kniefall erfolgreich vom Papst seine Wiedereingliederung in die Kirche erbeten. Die Entscheidung des Wormser Reichstages von 1122 führt in Sachen Bischofseinsetzung zu einem Kompromiß, mit dem beide Seiten, weltliche und kirchliche Herrschaft, leben können, aber in der Folgezeit kommt es noch zu etlichen *Kraftproben* zwischen Kaiser und Papst. Eine davon hat ihren unmittelbaren Niederschlag in Hildegards Wirken gefunden: Friedrich I., genannt Barbarossa, setzt ab 1159 vier Gegenpäpste ein, die ihm für seine Politik tauglicher scheinen als der jeweils rechtmäßig gewählte Papst, und ruft damit ein 18jähriges *Schisma* (d. h. eine Kirchenspaltung) in der abendländischen Christenheit hervor. Hildegard wird ihn deswegen in mehreren Briefen zurechtweisen.

Neben diesen konkreten politischen Ereignissen, die in Hildegards Lebenszeit fallen, sind es vor allem Mißstände, die sie als Bedrohung der Kirche von innen versteht. Da ist an erster Stelle die *Simonie,* der Kauf oder Verkauf kirchlicher Ämter, Ausdruck des moralischen Verfalls der Kleriker, den anzuprangern sie nicht müde wird. Gleiches gilt für die zu ihrer Zeit weitverbreitete Klerikerehe, gegen die Hildegard in ihren Schriften immer wieder zu Felde zieht. Diese ihre Kritikpunkte decken sich mit den Anliegen der *Gregorianischen Reform,* als deren Anhängerin und Verfechterin man Hildegard daher bezeichnen darf. Mit jener (nach Papst Gregor VII. benannten) kirchlichen Reformbewegung des 11. und 12. Jahrhunderts teilt sie ein stark sakramental ausgerichtetes Priesterbild und die Überzeugung von der Hierarchie der Stände in der Kirche. Hildegard brandmarkt auch die Priester als weibisch und lau: Sie sind ganz und gar weltlich verkommen und sollten doch geistliche Vorbilder sein; nicht nur ihr Lebenswandel läßt zu wünschen übrig, sondern auch die Erfüllung priesterlicher Aufgaben wie die Unterweisung der Christen in Predigten.

Konkret hört sich das in einem Brief an den Klerus von Köln so an: „Die Posaune ist die Gerechtigkeit Gottes, die ihr mit großem Eifer in Heiligkeit überdenken solltet. Ihr müßtet sie auch pflichtgemäß und in Gehorsam immer wieder den Leuten zu geeigneten Zeiten mit heiliger Diskretion vor Augen stellen und nicht um Übermaß ihnen einhämmern. Das tut ihr aber nicht wegen der Halsstarrigkeit eures Eigenwillens. Deshalb fehlen bei euren Predigten dem Firmament der Gerechtigkeit Gottes die Lichter, wie wenn die Sterne nicht leuchten. Ihr seid Nacht, die Finsternis aushaucht, und wie ein Volk, das nicht arbeitet und aus Trägheit nicht im Lichte wandelt. Wie eine nackte Schlange sich in ihre Höhle verkriecht, so begebt ihr euch in den Gestank niedrigen Viehes. (…) Ihr laßt euch durch jeden daherfliegenden weltlichen Nahmen lahmlegen. Bald seid ihr Soldaten, bald Knechte, bald Possenreißer. Mit eurem leeren Getue verscheucht ihr aber bestenfalls im Sommer einige Fliegen" (Briefwechsel, S. 169 f.). Diese anschauliche Schilderung der Mißstände unter den Priestern wird nur noch überboten von Hildegards drastischem Vergleich der Ejakulation des Teufels mit der sexuellen Ausschweifung der klerikalen Führungsschicht (Scivias, S. 300).

<small>HILDEGARD VON BINGEN, *Briefwechsel*. Übers. und erl. von Adelgundis Führkötter OSB, 1990 (Kurztitel = **Briefwechsel**).</small>

<small>HILDEGARD VON BINGEN, *Scivias – Wisse die Wege*. Übers. u. hrsg. v. Walburga Storch OSB, 1992 (Kurztitel = **Scivias**).</small>

Die Katharer

Mißstände im Innern machen die Kirche angreifbar nach außen. Hildegard nennt immer wieder Irrlehrer und Häretiker, die die Kirche von außen bedrohen. Hinter diesen eher allgemein anmutenden Formulierungen steht die konkrete Auseinandersetzung mit den sogen. Katharern, einer Bewegung, die zumindest in ihren Anfängen zunächst noch nicht außer-

EIN BLICK INS 12. JAHRHUNDERT

halb der Kirche steht. Etliche Anliegen der Katharer decken sich durchaus auch mit Hildegards Kritik an den Klerikern. Die Katharer verdanken ihren Namen dem griechischen Wort für *rein, katharos,* dieser Name ist Programm: Sie wollen rein leben im Geiste des wahren Evangeliums – im Unterschied zur finanziellen und sexuellen Unreinheit der Kleriker. Aber dieses Bemühen um ein reines Leben wird verbunden mit einem dualistischen Denkgebäude, das nicht mehr christlich ist: Gott ist gut und Geist, daher ist alles Geistige göttlich. Das Materielle dagegen kann nicht auf einen geistigen Schöpfer zurückgeführt werden, es ist Schöpfung des Teufels, des Bösen. Christus ist nicht wirklich, sondern nur scheinbar Mensch geworden, denn nie könnte ein geistiges, göttliches Wesen sich auf die niedrige, tendenziell böse Materie einlassen. Auch die Seelen der Menschen sind geistig und göttlich, sie sind jedoch gefangen im niederen Leib. Rein leben im Sinne der Katharer bedeutet daher ein Streben nach Befreiung von den Niederungen des tendenziell bösen Menschenleibes. Im Dienste der Erleuchtung versuchen sich die Katharer in einem finanziell und sexuell reinen Leben, sie fasten viel, essen kein Fleisch und leugnen die Gottgewolltheit von Ehe und Fortpflanzung. Solche Leibverachtung verträgt sich nicht mit biblischem Schöpfungsglauben, weder mit dem Optimismus „Und Gott sah, daß es gut war" am Ende eines jeden Schöpfungstages noch mit dem göttlichen Fortpflanzungsauftrag an die Schöpfung, erst recht nicht mit dem Glauben an das Schöpfungswort, das wirklich Fleisch wurde in Christus, der wahrer Mensch und wahrer Gott ist.

<small>Arno Borst, *Die Katharer,* 1996.</small>

In der Mitte des 12. Jahrhunderts ist die Bewegung der Katharer, deren Ursprünge auf dem Balkan liegen, in Nordfrankreich und am Rhein nachweisbar. Inzwischen haben sie eigene Riten und eine eigene Organisation entwickelt, in der Champagne entsteht das erste Bistum einer regelrechten *Gegen-Kirche*. Die Katharer haben regen Zulauf, treffen sie doch den Nerv des Unmutes vieler Zeitgenossen: Sie wirken glaubwürdig, wenn sie als die *Armen Christi* auftreten, wenn sie in der Verfolgung sich als Märtyrer der *wahren Kirche* verstehen. Mit ihrer Dogmatik hat sich sicher nicht jeder auseinandergesetzt, der Hab und Gut verkauft und sich ihnen anschließt, aber die Aussicht, durch Askese zur Erleuchtung zu gelangen, ist attraktiv – zumal die Unzufriedenheit mit den Amtsträgern der römischen Kirche wächst.

Hildegards zitierter Brief an den Klerus von Köln zeichnet sich nicht zufällig durch selten scharfe Formulierungen aus; denn Köln ist die Stadt, in der die Katharer Schulen unterhalten und äußerst erfolgreich missionieren. Nicht nur in ihrer Kritik an den Klerikern ist die Bewegung der Katharer in Hildegards Schriften nachweisbar, auch die Auseinandersetzung mit ihrer Dogmatik hat Spuren in ihrer Theologie hinterlassen: Hildegard setzt alles daran, das Wirken Gottes in der ganzen Schöpfung, zu der auch der Leib des Menschen gehört, herauszustellen, sie findet deutliche Worte gegen zu strenges Fasten und bricht – obwohl auch sie als Kind ihrer Zeit selbstverständlich die Überzeugung vom Vorrang des sexuell enthaltsamen Lebens teilt – eine Lanze für die Gottgewolltheit der Ehe.

Kreuzzüge und andere spirituelle Aufbrüche

Neben diesen Kennzeichen ihres Jahrhunderts, die Hildegard in ihren Werken ausdrücklich benennt, streift sie vieles, was für ihre Zeit selbstverständlich ist, was wir uns aber erst bewußtmachen müssen. Zu den politischen und kirchlichen Ereignissen, die Hildegards Zeit prägen, gehören zweifelsohne die Kreuzzüge. Hildegard wird drei Jahre nach dem Beginn des ersten Kreuzzugs kurz vor der Wende vom 11. zum 12. Jahrhundert geboren, bei der blutigen Eroberung Jerusalems 1099 ist sie ein Jahr alt. Ihr Erstlingswerk *Scivias,* das sie mit Ende vierzig schreibt, entsteht im zeitlichen Kontext eines weiteren Kreuzzugs, der die christliche Position im Nahen Osten stärken soll. Bernhard von Clairvaux, der große Zisterzienser, zieht werbend für diesen Kreuzzug durch Europa, seine prominente Fürspra-

Bernhard von Clairvaux, 1090–1153, trat 1112/13 in Cîteaux ein und

EIN BLICK INS 12. JAHRHUNDERT

che versucht sich Hildegard für ihr Erstlingswerk *Scivias* zunutze zu machen: Als Papst Eugen III., ebenfalls ein Zisterzienser, in Trier eine Synode abhält, an der auch Bernhard teilnimmt (und bei der es u.a. auch um das Zustandekommen dieses neuen Kreuzzugs geht), bittet Hildegard in Briefen sowohl Bernhard als auch den Papst, sich für sie und ihr Buch einzusetzen. Hildegards weiß die politischen Umstände ihrer Zeit für sich und ihr Anliegen zu nutzen.

Für uns heute wollen Christentum und Kreuzzüge nicht mehr so recht zusammenpassen, zur Zeit Hildegards aber stehen gerade die Kreuzzüge für eine spirituelle Rückbesinnung in der abendländischen Christenheit. Jahrhundertwenden vermögen eine gleichzeitig von Weltuntergangs- und Aufbruchstimmung geschwängerte Atmosphäre zu verbreiten, diese und die schon genannten Mißstände führen nicht nur bei den Katharern, sondern auch innerkirchlich zu einer Rückbesinnung auf die Ursprünge des Christentums, verbunden mit einer großen Sehnsucht nach dem Menschen Jesus und dem Land, in dem er lebte, litt, starb und auferstand (und das sich mit seinen heiligen Stätten unrechtmäßig in heidnischer Hand befindet). Die Kreuzzüge werden zur Zeit Hildegards als Pilgerreisen unter der geistlichen Schirmherrschaft des Papstes verstanden, die auf dem Weg erlittenen Qualen bringen den Pilger dem leidenden Jesus ein Stück näher. Diese Kreuzzugsmentalität ist Hildegard nicht fremd, redet sie doch Papst Eugen III. im genannten Bittbrief als „Vater der Pilger" an (Briefwechsel, S. 30).

Die Kreuzzüge sind Ausdruck einer neuen Frömmigkeit, der sie sich einerseits verdanken, die sie andererseits selber weiter voranbringen: Der Mensch Jesus wird wiederentdeckt, vor allem sein Leiden und Sterben, eine persönliche Beziehung zu ihm wird wichtig. Der romanische Herrscher am Kreuz weicht dem blutenden und gequälten Heiland der Gotik. Hildegards Christusbild ist gemessen an der neuen Spiritualität ihrer Zeit recht altmodisch, im Gegensatz zu ihrem Zeitgenossen Bern-

---

Sidebar: wurde bald Abt der Neugründung in Clairvaux. Mit Briefen und Predigten wirkte er weit über sein Kloster und seinen Orden hinaus, um die Kirche und hier vor allem das Klosterleben zu reformieren. In diesem Sinne unternahm er etliche Reisen, die ihn auch in die Nähe Hildegards brachten. Von seinen Schriften sind vor allem die Auslegungen zum Hohenlied berühmt.

hard von Clairvaux etwa interessiert sie sich kaum für eine innige Beziehung zu dem leidenden Bräutigam am Kreuz.

Als Hildegard geboren wird, sind knapp 70 Jahre seit der Grundsteinlegung für den Speyerer Dom vergangen, die Errichtung dieses größten romanischen Kirchenbaus dauert rund 80 Jahre. Als Hildegard um das Jahr 1110 in das Kloster auf den Disibodenberg kommt, ist der Dom in Speyer gerade fertiggestellt. Nur 30 Jahre später, um 1140, beginnt man in Paris in St. Denis mit dem ersten gotischen Kirchenbau. 1175, vier Jahre vor Hildegards Tod, löst mit dem Bau der Kathedrale von Canterbury in England die gotische die romanische Bauweise ab. In Deutschland wird die Gotik erst im zweiten Drittel des 13. Jahrhunderts Einzug halten.

Die Bedeutung der Klöster

Benedikt von Nursia, um 480–537, zunächst Einsiedler, dann Abt, Verfasser der bis heute wichtigsten lateinischen Mönchsregel.

Kanonissen lebten ohne Ordensregel unter Beibehaltung persönlichen Eigentums zusammen. Im 11. und 12. Jh. forderten die Bischöfe von ihnen die Übernahme einer Regel. Die für ihre Seelsorge und Liturgie zuständigen Priester lebten als **Kanoniker** und bildeten nicht selten mit den Kanonissen ein Doppelkloster.

Hildegards Leben und Wirken ist eng verknüpft mit der Rolle der Klöster im Hochmittelalter, in denen Mönche und Nonnen zumeist nach der Ordensregel Benedikts von Nursia leben, vereinzelt auch als Kanoniker oder Kanonissen nach der Regel Augustins. Hildegards Geburtsjahr ist identisch mit dem Geburtsjahr der Zisterzienser, eines Reformordens der Benediktiner. Auf die Klöster im Jahrhundert Hildegards trifft nichts weniger zu als das heutige Klischee von einem Leben fern dieser Welt. Gerade in kultureller Hinsicht pulsiert das Leben vor allem in den Klöstern. Eine wichtige Bildungseinrichtung, die sich ab dem 13. Jahrhundert in Europa durchsetzen wird, gibt es zur Zeit Hildegards noch nicht: die Universität. Bildung *geschieht* im eigentlichen Sinne noch in den Klöstern, denn vor allem hier kann man lesen und schreiben, versteht Latein, kennt die Bibel und die Kirchenväter. Das Wissen vergangener Jahrhunderte wie eigene Erfahrungen werden in Bibliotheken gesammelt, in Schreibstuben vervielfältigt, in der Unterrichtung des Klosternachwuchses weitergegeben und in den vielen Bereichen des Klosteralltags – wie Liturgie, Landwirtschaft und Sorge für die Kranken – angewandt. Wer wie Hildegard im Kloster groß wird, kommt in den Genuß einer umfassenden Bildung. Zur Zeit Hildegards existieren in den Bischofsstädten sogenannte Domschulen, die nicht unwichtig sind für die spätere Entwicklung der Fakultäten. Sie dienen der Ausbildung der Säkularkleriker oder Weltpriester, hier werden u.a. die sog. *sieben freien Künste – septem artes liberales –* unterrichtet: Grammatik, Rhetorik, Logik, Arithmetik, Geometrie, Musik und Astronomie. Eine solche systematische Ausbildung hat Hildegard nicht genossen, wiederholt äußert sie in ihren Werken, ihre Kenntnisse der lateinischen Grammatik seien unvollständig, da sie kein *magisterium* (daraus der heutige akademische Grad Magister artium, M. A., „Lehrer" oder „Meister der Künste") durchlaufen habe. Aber ihr Latein reicht immerhin so weit, daß sie sich auszudrücken versteht.

Zu **Augustinus** vgl. S. 24.

Zisterzienser: benannt nach ihrem Gründungsort Cîteaux, wo Robert von Molesme ab 1098 mit einigen Brüdern versuchte, die Regel Benedikts wieder in ihrer ursprünglichen Bedeutung zu leben. Der zu Beginn des 12. Jhs. neue Orden erfährt Anerkennung, Ausbreitung und Einfluß durch Bernhard von Clairvaux.

Hildegards Werken ist zu entnehmen, daß sie vertraut ist mit der Bildung ihrer Zeit, sie weiß sowohl um die altehrwürdigen Interpretationen wichtiger Bibelstellen durch die Kirchenväter als auch um ganz aktuelle theologische, ethische und kirchenrechtliche Fragestellungen. Die Autorin ist mit Sicherheit nicht einfach eine ungebildete Frau, als die sie sich selber gerne bezeichnet.

Frauen und Jungfrauen

Ihre Bildung verdankt Hildegard dem Umstand, daß sie schon als Kind von ihren Eltern zum Klosterleben bestimmt wurde – eine mittelalterliche Gepflogenheit, die dem modernen Bemühen um Freiheit und Selbstbestimmung völlig zu widersprechen scheint. Hildegard selber spricht sich als erwachsene Autorin ausdrücklich gegen eine solche *Oblation* von Kindern durch ihre Eltern aus; im Verlaufe des 12. Jahrhunderts kommt sie ohnehin zunehmend aus der Mode. Dennoch lohnt gerade im Fall Hildegards ein genauerer Blick auf die Entscheidung der Eltern, ihre Tochter für das Klosterleben zu bestimmen. Welche Chancen hätte Hildegard ohne diese Entscheidung gehabt?

Für mittelalterliche Ohren würde die heutige Formulierung „Nonnen *dürfen* nicht heiraten" fremd klingen, mittelalterlichem Empfinden entspräche vielleicht eher der Satz: „Bauersfrauen dürfen nicht ins Kloster gehen ..."! Gerade aus der Perspektive der Frauen ist das Klosterleben der Ehe vielfach vorzuziehen. Sicher spielt hier die damalige kirchliche Lehre, sexuelle Askese sei höher zu bewerten als eheliche Fruchtbarkeit, eine wesentliche Rolle, aber schließlich scheint auch der ganz konkrete Alltag als Ehefrau bzw. als Jungfrau dieser theologischen Bewertung Recht zu geben, wird doch das Leben als Jungfrau als wesentlich attraktiver empfunden: auf der einen Seite die Mehrfachbelastung von Haushalt, Kindern und Hof, auf der anderen Seite das Privileg, Zeit für Betrachtung und Gebet zu haben. Eine Tochter wird wenn nicht ins Kloster, dann in die Ehe gegeben, in beiden Fällen lange vor dem 20. Lebensjahr.

EDITH ENNEN, *Frauen im Mittelalter*, 1994.
RÉGINE PERNOUD, *Frauenbilder im Mittelalter*, 1998.

Einmal verheiratet, ist eine Schwangerschaft pro Jahr keine Seltenheit, zu der ohnehin geringen Lebenserwartung für Männer und Frauen kommt für Frauen die hohe Kindbettsterblichkeit hinzu. Geburt ist Frauensache, die Hebammen haben wenig Chancen, im Falle von Komplikationen rettend einzugreifen. Ist absehbar, daß eine Frau während der Geburt stirbt, praktizieren sie den Kaiserschnitt, damit das Kind, dessen Überlebenschancen gering sind, wenigstens vor seinem Tod noch getauft werden kann, um dann, befreit von der Erbschuld, gleich in den Himmel einzugehen.

Hildegard hat – gegen die Katharer – immer wieder auch sehr schöne Worte für die Eheleute und für die gottgewollte Fortpflanzung gefunden; insgesamt aber läßt sie keinen Zweifel daran, daß auch in ihren Augen der Jungfräulichkeit der Vorzug vor der Ehe gebührt. Das lateinische Wort für Ehe lautet *coniugium,* in ihm steckt *iux,* das Joch, werden doch durch den Ehebund zwei unter dasselbe Joch gespannt. Hildegards Lateinkenntnisse sind offenbar so subtil, daß sie um die Verwandtschaft von *coniugium* und *iux* weiß, die sie allerdings so deutet, daß die Ehefrau durch das männliche Joch unterdrückt werde. Die Jungfrau, aber auch die Witwe ist frei von diesem Joch (Scivias, S. 30). An anderer Stelle spricht Hildegard geradezu jubilierend von der nie verdorrenden Unversehrtheit des Paradieses, in der die Jungfrau bewahrt bleibt (Briefwechsel, S. 202) – Formulierungen, die zunächst für heutige Ohren geradezu kitschig klingen, dann aber einen bitteren Nachgeschmack lassen, werfen sie doch ein bezeichnendes Licht auf den ganz konkreten, verdorrenden Alltag der Ehefrauen, der sich hinter diesem Lob der Jungfräulichkeit verbirgt. Der Verlust der Jungfräulichkeit bedeutet einen Verlust an Lebensqualität.

Adelige und Nicht-Adelige

Es ist daher alles andere als grausam, wenn Hildegards Eltern ihr hochbegabtes Kind für das Klosterleben vorsehen. Diese Chance, als Nonne leben zu können, hat nicht jede Frau im Mittelalter, denn nicht jede und jeder kann um Aufnahme in ein Kloster bitten, wenn sie oder er meint, dazu berufen zu sein, ist doch die klösterliche Lebensform vielerorts ein Adelsprivileg. Hildegard ist ganz Kind ihrer Zeit, wenn sie dieses Privileg als Äbtissin verteidigt. Ihr Briefwechsel gibt Zeugnis von einem diesbezüglichen Konflikt mit Meisterin Tengswind, die in Andernach einem Kanonissenstift vorsteht und gehört hat, daß Hildegard Nichtadeligen und Wenigerbemittelten die Aufnahme in ihr Kloster verweigert. Tengswind selber ist da – unter Berufung auf das Neue Testament – anderer Ansicht und bittet um Aufklärung. In ihrem berühmtgewordenen Antwortschreiben begründet Hildegard ihr Verhalten mit der Gottgewolltheit der Standesunterschiede, schließlich gebe es ja selbst im Himmel Unterschiede zwischen Engeln und Erzengeln, Cherubim und Seraphim. „Welcher Mensch sammelt seine ganze Herde in einen einzigen Stall, Ochsen, Esel, Schafe, Böcke, ohne daß sie auseinanderlaufen?" (Briefwechsel, S. 203). Es ist nur konsequent, wenn Hildegard an vielen Stellen ihres Werkes die Jungfrauen als *nobiles,* als *Edle,* als *Adelige* in der Kirche bezeichnet.

Etliche Klöster im 12. Jahrhundert übernehmen wie Hildegard die feudale Ordnung, andere wie Tengswind und ihre Kanonissen versuchen sich nach neutestamentlichem Vorbild in einer Gemeinschaft von Gleichen, die im Kontrast zur feudalen Ständegesellschaft außerhalb des Klosters steht. Auch hier ist Hildegard die Konservative, denn ihr Brauch erweist sich gegen Ende des 12. Jahrhunderts als überholt. Tengswinds Praxis weist schon voraus ins 13. Jahrhundert, ist es doch hier die Armutsbewegung z. B. eines Franz von Assisi, die der Kirche in heutigen Augen wieder zu Glaubwürdigkeit verhilft. Der adeligen Äbtissin Hildegard läge um die Mitte des 12. Jahrhunderts nichts ferner, als einer antifeudalen Gemeinschaft von Armen vorzustehen ...

Die erste Lebenshälfte

Der genaue Geburtstag Hildegards ist nicht bekannt, nur das Jahr: 1098. Den Umstand, daß Hildegard so kurz vor der Jahrhundertwende geboren wird, wird sie sich später bei der Reflexion ihres Selbstverständnisses zunutzemachen. Vorerst ahnt sie noch nichts von den vielen Unruhen und Bewegungen, die das 12. Jahrhundert charakterisieren. Sie wächst in einer bäuerlich-ländlichen Umgebung im heutigen Rheinhessen auf. Ihre Eltern gehören dem fränkischen Hochadel an: Hildebert und Mechthild von Bermersheim. Hildegard ist das zehnte und wahrscheinlich jüngste Kind ihrer Eltern. Güterverzeichnisse und Urkunden bezeugen, daß sie zu einer reichen und einflußreichen Familie gehört. Auch einige Lebensläufe ihrer Geschwister lassen sich rekonstruieren: Zwei Brüder werden Geistliche: Rorich wird Kanonikus im Kloster Tholey an der Saar, Hugo wirkt als Domkantor in Mainz und unterrichtet an der dortigen Domschule. Der Kontakt zwischen ihm und Hildegard reißt bis ins hohe Alter nicht ab, 1175, vier Jahre vor Hildegards Tod, übernimmt er sogar für eine Überbrückungszeit das Amt des Spirituals in ihrem Kloster. Als Hildegard längst Äbtissin im Binger Kloster auf dem Rupertsberg ist, folgt ihr auch ihre Schwester Clementia als Nonne dorthin. Die Bedeutung der Familie läßt sich auch an der weiteren illustren Verwandtschaft ablesen: Hildegards Neffe Arnold ist von 1169 bis 1184 Erzbischof von Trier und damit einer der einflußreichsten Kirchenfürsten im Reich. Wer heute Hildegards Briefwechsel liest, merkt, daß Hildegard sich in der High-Society des 12. Jahrhunderts zu bewegen weiß. Stets bleibt sie sich ihrer Herkunft bewußt und versteht ihre verwandtschaftlichen Beziehungen zu nutzen.

Der frühe Weg ins Kloster

Die *Vita* berichtet von der bereits frühkindlichen Begabung Hildegards, Dinge zu sehen, die anderen verborgen sind. Hildegard selber schreibt ebenfalls von dieser Fähigkeit in ihren autobiographischen Notizen und in ihrem Briefwechsel. Auch von ihrer schwächlichen Konstitution und immer wiederkehrenden Krankheiten ist die Rede. Im Zusammenhang mit den Visionen Hildegards soll näher auf diese Nachrichten eingegangen werden.
Die Familie von Bermersheim ist mit der ebenfalls adeligen und begüterten Familie von Sponheim gut bekannt. Deren Tochter Jutta entschließt sich zu einem geistlichen Leben – allerdings nicht im Rahmen eines Frauenklosters, sondern in einer Frauenklause, die dem nahe gelegenen Benediktinerkloster Disibodenberg angeschlossen ist. Das scheint Hildegards Eltern der geeignete Ort für die Zukunft auch ihrer Tochter. Nach alttestamentlichem Vorbild, Gott den zehnten Teil des Besitzes zu weihen, bestimmen sie Hildegard zu einem geistlichen Leben an der Seite Juttas. Vita und Hildegard berichten, daß sie zusammen mit Jutta und einem weiteren Mädchen als Achtjährige in die Klause einzieht. Neuere Forschungen machen diese Angabe eher unwahrscheinlich: Der Disibodenberg wird erst im Laufe der nächsten Jahre von Benediktinern neu besiedelt. Die Vita, die vom heiligmäßigen Leben Juttas berichtet, nennt im Unterschied zur *Vita* Hildegards 1112 als Datum für den Bezug der Frauenklause. Das klingt wahrscheinlicher, nicht auszuschließen ist auch, daß Hildegard bereits als Achtjährige Jutta von Sponheim zur Erziehung übergeben wird, um sie sechs Jahre lang auf das Leben in der Klause vorzubereiten. Auf Bildern zur Lebensgeschichte Hildegards sind Jutta und Hildegard oft als Angehörige zweier Generationen dargestellt: Die erwachsene Ordensfrau Jutta nimmt das kleine Mädchen Hildegard in Empfang. Auch das entspricht nicht ganz den Tatsachen, ist Jutta doch nur sechs Jahre älter als Hildegard. 1112 ist Hildegard 14 Jahre alt und nach mittelalterlichen Maßstäben eine junge Frau im besten heiratsfähigen Al-

DIE ERSTE LEBENSHÄLFTE

ter. Ihre Eltern haben dem Benediktinerkloster eine angemessene Mitgift vermacht, die die Versorgung ihrer Tochter sichern soll. Von der zweiten jungen Frau, die mit Jutta und Hildegard in die Klause zieht, kennen wir weder Namen noch Alter. Wenn auch das genaue Jahr unsicher ist, so sind sich doch alle Quellen einig, daß die drei Frauen am Allerheiligentag unter großer Anteilname des Konventes und der Bevölkerung feierlich in die Klause einziehen.

Hildegard ist damit noch keine Nonne, aber die Weichen für ihren weiteren Lebensweg sind gestellt. Alle drei Frauen legen bald nach dem Bezug der Klause die monastischen Gelübde als Benediktinerinnen ab. Hildegard erhält nun endgültig den Schleier, der sie als zum geistlichen Stand der Jungfrauen gehörend kenntlich macht und den sie zeit ihres Lebens tragen wird.

Benediktinerkloster und Frauenklause auf dem Disibodenberg

Als Hildegard hier ihr monastisches Leben beginnt, kann der Disibodenberg am Zusammenfluß von Glan und Nahe als geistlicher Ort zwar schon eine jahrhundertealte Tradition aufweisen, die benediktinische Prägung aber ist noch recht jung. Seinen Namen verdankt er dem Einsiedler Disibod, der hier bereits im 7. Jahrhundert eine Klause errichtet haben soll. Über ihn wird Hildegard später eine Vita schreiben. Lange vor dem Benediktinerkloster zur Zeit Hildegards steht eine Kirche auf dem Berg, in der die Menschen von der mittleren Nahe getauft werden und die sie zum Gottesdienst nutzen. Kurz vor der Jahrtausendwende errichtet Erzbischof Willigis von Mainz hier ein Stift, dessen Geistliche mit der Seelsorge der umliegenden Ortschaften betraut werden.

Willigis' Nachfolger Ruthard favorisiert mehr die Benediktinerklöster und übergibt den Disibodenberg 1106 Benediktinern der Abtei St. Jakob aus der Nähe von Mainz, sie beginnen mit dem Bau einer neuen Klosteranlage und errichten als erstes eine kreuzförmige, dreischiffige Pfeilerbasilika, deren gewaltige Ausmaße heute noch aus den Ruinen erschließbar sind. Hildegard erlebt auf dem Disibodenberg keine von Anfang an fertige Einrichtung, sondern ein aufstrebendes Kloster, verbunden mit einer reichen Bautätigkeit. Gebäude werden in ihrer Bildersprache eine wichtige Rolle spielen, die Tätigkeit des Bauens und Aufbauens wird sie auch als Metapher für das geistliche Leben verwenden.

Parallel zum Ausbau des Benediktinerklosters wächst auch die Frauengemeinschaft. Der gute Ruf Juttas breitet sich aus und veranlaßt mehrere Adelige, ihre Töchter zur Erziehung auf den Disibodenberg zu schicken. Die Quellen schweigen über Lage und Ausstattung der Frauenklause. Die *Vita* Hildegards aber berichtet mehrfach, daß an ihrer Erziehung nicht nur Jutta, sondern auch ein Mönch aus dem Benediktinerkonvent des Disibodenberges mitwirkte: Volmar, der später Hildegard als Spiritual in ihr eigenes Kloster auf dem Binger Rupertsberg folgen und ihr auch als Sekretär dienen wird. Daß Hildegard Volmar sehr geschätzt hat, berichten sowohl die *Vita* als auch sie selbst, über das Verhältnis zu ihrer Magistra Jutta schweigen die Quellen.

Hildegard lernt in der Frauenklause lesen und schreiben. Die Bibel und vor allem die Psalmen sind das Lehrbuch, mit dem sie sich mit der lateinischen Sprache vertraut macht. Systematischen Musikunterricht wie ihr Bruder Hugo an der Mainzer Domschule hat Hildegard nicht genossen, wohl aber lernt und übt sie das Singen der lateinischen Psalmen, das ihren ganzen Tagesablauf als Benediktinerin prägt. Außerdem begegnet sie wichtigen Autoren des geistlichen Lebens: Augustinus zum Beispiel und anderen Kirchenvätern, mit deren Bibelauslegung sie vertraut ist. Leider wissen wir nicht, wie die Klosterbibliothek auf dem Disibodenberg ausgestattet war, aber Hildegards Werke lassen erkennen, daß hier eine sehr belesene und alles andere als einseitig gebildete Frau schreibt. Vielleicht erhält Hildegard auch nützliche Einblicke in die vielen ganz praktischen Bereiche

Hl. Augustinus von Hippo, 354–430, Bischof und Theologe, bedeutender lateinischer Kirchenvater. Er verfaßte u.a. eine Gelegenheitsschrift über das Zusammenleben von Klerikern, die als Ordensregel ausgestaltet und für Frauen adaptiert wurde.

DIE ERSTE LEBENSHÄLFTE

des Klosterlebens wie Küche, Kräutergarten und Krankenstube. Sicher ist, daß Hildegard all ihr Wissen einer breiten monastischen Bildung verdankt.

Die Quellen schweigen über die Jahrzehnte zwischen Hildegards Gelübde als Benediktinerin und Juttas Tod im Jahr 1136. In diesen gut 20 Jahren lebt Hildegard den Alltag einer Benediktinerin: Ihren Tagesablauf bestimmt der Wechsel von Arbeit, Stundengebet (mit sieben Tagzeiten), Studium und geistlicher Lesung, Essen und Schlafen.

Unterwegs zu Selbstbewußtsein und Selbständigkeit

Jutta von Sponheim stirbt am 22. Dezember 1136 nach einem heiligmäßigen Leben. Mit ihrem Tod beginnt für Hildegard ein neuer Lebensabschnitt, denn die 38jährige tritt die Nachfolge ihrer Erzieherin als Vorsteherin der Frauenklause an. Sie ist damit keineswegs Äbtissin, sondern nur *Magistra* unter der Autorität des Abtes. Ob Hildegard wirklich frei von den anderen Frauen gewählt oder vom Abt bestimmt wurde, bleibt unklar.

Magistra: lateinisch Meisterin, Lehrerin, Vorsteherin.

Es vergehen weitere fünf Jahre, über die die Quellen schweigen. Das nächste einschneidende Ereignis fällt in das Jahr 1141: Hildegard fühlt sich von Gott berufen, ihr erstes Buch, mit dem sie aus dem verborgenen Leben in der Frauenklause an die Öffentlichkeit treten wird, zu schreiben. Es dürfte kein Zufall sein, daß zwischen Hildegards Amtsantritt als Magistra und dieser Berufungserfahrung einige Jahre liegen. Diese Jahre, aus denen nichts bekannt ist, scheinen einen Prozeß zu markieren, in dem Hildegard in ihre Leitungsaufgaben hineinwächst und in ihrer neuen Rolle sicher wird.

Die Entstehung von *Scivias*

Das Buch, das Hildegard 1141 zu schreiben beginnt und dessen Fertigstellung zehn Jahre in Anspruch nehmen wird, ist heute unter dem programmatischen Titel *Scivias*, d. h. *wisse/erkenne die Wege* bekannt. Inhaltlich geht es vorrangig um die Heilsgeschichte vom Ratschluß Gottes über die Schöpfung, den Sündenfall, den Alten und den Neuen Bund bis zum Ende als Vollendung der Welt. Am Ende steht ein kurzes Drama, in dem der Weg der menschlichen Seele zwischen Teufel und Tugenden zu Gott beschrieben wird. Denn das große Drama der Heilsgeschichte verdichtet sich in jedem Menschenleben,

SELBSTBEWUSSTSEIN UND SELBSTÄNDIGKEIT

der Mensch kann den richtigen Weg erkennen und sich für ihn entscheiden. *Scivias* ist – vielleicht wegen der mehr oder weniger chronologischen Anordnung der einzelnen Themen – das heute am leichtesten verständliche Werk Hildegards. Es ist zudem das erste, das ins Deutsche übertragen wurde. In vielen älteren Hildegard-Darstellungen ist auch zu lesen, es sei die wichtigste der Schriften Hildegards. Erst in den letzten Jahren setzt sich die Einsicht durch, daß es nur der erste Teil einer Trilogie ist, deren Einzelbände man nicht gegeneinander ausspielen kann. In den folgenden Jahrzehnten nämlich wird Hildegard nicht nur *Scivias* vollenden, sondern noch zwei weitere Bände folgen lassen. Nach Hildegards Selbstverständnis hat Gott sie selbst beauftragt, diese Trilogie zu schreiben, indem er ihr in inneren Bildern zeigte, was sie der ganzen Kirche verkünden solle. Im Jahr 1141 aber ist Hildegard noch sehr unsicher; vor allem ihre Kenntnisse der lateinischen Grammatik lassen zu wünschen übrig: Sie vertraut sich Volmar an, der ihr Sekretär wird.

Wie müssen wir uns das konkret vorstellen: eine mittelalterliche Autorin, die mit Hilfe eines Sekretärs ein Buch schreibt? Der illustrierte Scivias-Codex, der ein Vierteljahrhundert nach dem für Hildegard so einschneidenden Jahr 1141 in ihrem Kloster auf dem Binger Rupertsberg entsteht, stellt an den Anfang ein Bild der Autorin und ihres Sekretärs. Es ist die älteste Hildegard-Darstellung, die wir besitzen: Hildegard sitzt, die Füße auf einem Schemel, im Kloster. Mit der linken Hand hält sie einige Wachstafeln fest, ihre Rechte ritzt mit der Spitze eines Schreibgriffels einen Text in die oberste Wachstafel. Will sie das Geschriebene ausbessern, kann sie mit der anderen, der flachen Seite des Griffels die eingeritzten Zeichen im weichen Wachs glattstreichen und erneut überschreiben. Fünf Feuerflammen ergießen sich vom Dach her auf Hildegards Haupt – wahrscheinlich eine Anspielung auf die fünf Sinne, die vom Heiligen Geist erleuchtet sind. Denn was sie schreibt, stammt nicht von ihr selber, Gott läßt sie sehen und hören, was sie der Welt in seinem Auftrag kundtun soll. Die Feuerflammen wollen bewußt an Pfingstdarstellungen erinnern. Am rechten Rand sitzt Volmar mit Kutte und Kapuze. Seinen Kopf steckt er durch das Sprechfenster, das ihm den Kontakt mit der Nonne in der Klausur ermöglicht. Volmar schreibt nicht auf Wachstafeln, sondern auf Pergament, er ist für die endgültige Fassung zuständig. Hildegard dominiert in dieser Darstellung, sie nimmt die ganze Mitte ein und ist größer dargestellt als Volmar. Dieser Unterschied macht deutlich: Ihm kommt bei der Abfassung des Buches lediglich eine Nebenrolle zu.

Briefwechsel und Vita bezeugen mehrmals ausdrücklich, daß Hildegard von Volmar verlangt, lediglich die Kasusendungen auszubessern, aber nicht am Wortlaut, geschweige denn am Inhalt zu rühren (Vita, S. 121). Der Stil des Lateinischen in den Werken Hildegards macht dieses Zeugnis glaubwürdig, handelt es sich doch um ein syntaktisch sehr einfaches Latein, das in seinen Formulierungen und vor allem in der Wortwahl geschult ist an den lateinischen Psalmen und biblischen Lesungen, die die Benediktinerin Hildegard durch jeden Tag ihres Lebens begleiten. Inhaltlich weisen Hildegards Werke eine große Nähe zur Theologie der Kirchenväter und zu ihrer Art der Bibelinterpretation auf – eine Vertrautheit, die sich ebenfalls aus Hildegards monastischer Spiritualität ergibt – und zeigen sich noch unberührt von der subjektiven Frömmigkeit eines Bernhard von Clairvaux, die im Laufe des 12. Jahrhunderts in Mode kommt. Auch dieser inhaltlich traditionelle Zug macht die Autorinschaft der in der Frauenklause erzogenen Hildegard glaubwürdig. Das Gleiche gilt für einige originelle eigene Akzente, die bei aller Traditionsgebundenheit das Gesamtwerk stringent durchziehen.

MARIANNE SCHRADER, ADELGUNDIS FÜHRKÖTTER, *Die Echtheit des Schrifttums der heiligen Hildegard von Bingen. Quellenkritische Untersuchungen*, 1956.

Die päpstliche Anerkennung

Wieder vergehen einige Jahre, in denen Hildegard neben ihren vielen Aufgaben als Vorsteherin der Frauenklause weiter an ihrem Buch arbeitet. Sie hat im Hinblick auf ihr entstehendes Buch noch kaum so etwas wie eine Lobby; und angesichts der

SELBSTBEWUSSTSEIN UND SELBSTÄNDIGKEIT

Meinung mittelalterlicher Männer über die theologische Kompetenz von Frauen ist es alles andere als wahrscheinlich, daß ihr Werk – selbst wenn sie behauptet, einen göttlichen Schreibbefehl zu befolgen – von den Mächtigen in Kirche und Reich gelesen, geschweige denn befolgt wird. Hildegard wendet sich – wie bereits erwähnt – in einem Bittbrief an Bernhard von Clairvaux. Sie kennt den berühmten Zisterzienser nicht persönlich, aber scheint um seine spirituelle Kompetenz und auch um seinen Einfluß zu wissen. Vor Bernhard breitet sie ihre ganze Unsicherheit aus: „Ich bin ja ein Mensch, der durch keinerlei Schulwissen über äußere Dinge unterwiesen wurde. Nur innen in meiner Seele bin ich unterwiesen. Deshalb spreche ich wie im Zweifel. Aber da ich von deiner Weisheit und Vaterliebe höre, werde ich getröstet. (...) Um der Liebe Gottes willen begehre ich, Vater, daß du mich tröstest. Dann werde ich sicher sein" (Briefwechsel, S. 26). Bernhard antwortet kurz, aber in den wenigen Sätzen läßt er durchscheinen, daß er die Gnade Gottes, die in und mit der schreibenden Hildegard am Werk ist, anerkennt.

Kurz darauf findet in Trier unter dem Vorsitz des Zisterzienserpapstes Eugen III. eine Synode statt, an der auch Bernhard von Clairvaux teilnimmt. Diesmal spannt Hildegard über den Abt des Disibodenberges, Kuno, den zuständigen Erzbischof Heinrich von Mainz ein, um ihr Anliegen voranzutreiben. Heinrich

Synode: griechisch Zusammenkunft, Versammlung regionaler oder überregionaler Kirchenleitungen.

liest dem Papst in Trier aus Hildegards noch unvollendetem *Scivias* vor, auch der anwesende Bernhard spricht sich ausdrücklich für die Benediktinerin vom Disibodenberg aus. Eine päpstliche Abordnung wird daraufhin zu Hildegard geschickt, sie soll die Glaubwürdigkeit der Frau, die beansprucht, eine Prophetin Gottes zu sein, prüfen. Das Ergebnis der Untersuchung fällt überaus positiv aus: Eugen III. bestätigt Hildegards Sehergabe und erlaubt ihr weiterzuschreiben.

Dieser Schritt markiert einen Wendepunkt in Hildegards Biographie: Hinter ihr steht die höchste kirchliche Autorität; sie ist nun eine päpstlich anerkannte Prophetin, in der Öffentlichkeit interessiert man sich für sie. Ihre eigene Initiative zu diesem

Schritt zeigt, daß Hildegard eine politisch kluge Frau ist, die ihre Chancen sieht und zu nutzen weiß. Sie geht auf die Vollendung des fünften Lebensjahrzehntes zu und steht damit in einem Alter, das sie als Ehefrau und Mutter außerhalb des Klosters nur schwer erreicht hätte. So aber liegen noch über 30 fruchtbare und ereignisreiche Jahre vor ihr.

Die Gründung des Klosters auf dem Rupertsberg bei Bingen

Nach ihrer offiziellen kirchlichen Bestätigung macht sie sich daran, ihren Frauenkonvent vom Kloster auf dem Disibodenberg zu lösen. Der Platz reicht für die wachsende Gemeinschaft mehr schlecht als recht aus, zudem strebt Hildegard nach Unabhängigkeit. Die adeligen Angehörigen ihrer adeligen Schwestern ermöglichen ihr den Erwerb eines verkehrstechnisch günstig gelegenen Grundstücks an der Mündung der Nahe in den Rhein, etwa 30 km entfernt vom Disibodenberg. Hier soll im frühen Mittelalter der hl. Rupert gelebt haben; über ihn wird Hildegard später eine Vita schreiben und damit seine Verehrung neu beleben. Politisch und verkehrstechnisch eignet sich der Platz hervorragend für Hildegards Vorhaben, denn der Rupertsberg liegt mitten im Verkehrsnetz der Land- und Wasserwege zwischen Köln, Trier und Mainz. Hildegard läßt mit der Rodung des Waldes und mit dem Bau eines für die damalige Zeit hochmodernen Klosters beginnen. Es wird später bis nach Frankreich für seine Wasserleitungen gerühmt und ist für eine Konventsgröße von rund 50 Nonnen konzipiert.

Abt Kuno und der Konvent weigern sich jedoch, Hildegard und ihre Schwestern ziehen zu lassen. Wahrscheinlich will man kaum auf die gerade päpstlich bestätigte Prophetin verzichten, denn von ihrem Ruhm, von Pilgerströmen und Stiftungen, scheint auch der Männerkonvent auf dem Disibodenberg profitiert zu haben. Auch die Ländereien, die von den Eltern der adeligen Töchter als Mitgift dem Disibodenberg zur Verfügung gestellt worden sind, spielen bei den Vorbehalten gegen ein

SELBSTBEWUSSTSEIN UND SELBSTÄNDIGKEIT

eigenständiges Frauenkloster eine nicht unbedeutende Rolle. Die *Vita* berichtet, wie Hildegard eine psychosomatisch eindeutige Krankheit befällt – bewegungsunfähig liegt sie auf ihrem Lager. Die Verhandlungen ziehen sich hin. Immer wenn eine Lösung nahe scheint, kann sie sich wieder – zumindest zum Teil – bewegen, aber je aussichtsloser die vielfältigen Widerstände erscheinen, desto mehr nehmen die Lähmungserscheinungen zu. Die Markgräfin von Stade, die Mutter von Hildegards Mitschwester Richardis, die auch schon beim Erwerb des Grundstückes auf dem Rupertsberg eine wesentliche Rolle gespielt hat, stattet das neue Kloster mit Schenkungen aus ihrem Landbesitz aus und setzt sich beim Erzbischof Heinrich von Mainz für Hildegards Projekt ein. Nun muß sich auch Abt Kuno dem göttlichen Willen beugen, den er hinter Hildegards eindeutiger Krankheit erkennt.

Hildegard siedelt mit 18 Frauen auf den Rupertsberg bei Bingen über. Der größte Teil der Ländereien aus der Mitgift der Schwestern bleibt im Besitz des Disibodenberges. Trotz der Schenkungen durch die Markgräfin von Stade ist der Alltag auf dem Rupertsberg in den ersten Jahren von Sparsamkeit geprägt. Etliche Schwestern verlassen Hildegard; als Töchter aus adeligen Häusern sind sie auch im Kloster einen anderen Lebensstil gewohnt. Erst allmählich sorgen vor allem die Bekanntheit Hildegards und ihrer Schriften dafür, daß der Rupertsberg zu einem blühenden Kloster wird.

Wirken als Äbtissin und anerkannte Prophetin

In die Anfänge auf dem Rupertsberg fällt die Auseinandersetzung um Richardis von Stade, die Tochter der schon bekannten Markgräfin von Stade, die als Nonne in Hildegards Kloster lebt. Neben Volmar ist Richardis Hildegard eine große Hilfe beim Verfassen ihres Buches, sie fungiert als ihre Sekretärin und Vertraute. Richardis' Bruder, der Erzbischof Hartwig von Bremen, veranlaßt den Konvent der Benedikinerinnen in Bassum, seine Schwester zur Äbtissin zu wählen und sie so ins Erzbistum Bremen zu holen. Richardis nimmt die Wahl an. Hildegard, die gerade den Kampf mit dem Abt vom Disibodenberg um den Weggang ihrer Schwestern ausgefochten hat, ist nun diejenige, die verhindern will, daß Richardis sie verläßt. Sie nutzt alle Verbindungen und Beziehungen, um Richardis zu behalten, schreibt an den Erzbischof von Mainz, an den Papst, an Richardis' Bruder in Bremen und an ihre Mutter, die Markgräfin von Stade, auch an Richardis selbst. Der Briefwechsel in dieser Angelegenheit bietet einen seltenen Einblick in das sonst verschlossene Gefühlsleben Hildegards; beim Lesen begegnet man einem von Verlustängsten verzweifelten Menschen. Dem Erzbischof Heinrich von Mainz, der sich diesmal nicht für sie einsetzt, wirft sie im Falle Richardis' Simonie vor, die Markgräfin von Stade bestürmt sie mit ihrer spirituellen Kompetenz, erkannt zu haben, daß das Amt einer Äbtissin nicht das Richtige für ihre Tochter sei. Auch der Papst ist ihr in diesem Fall keine Hilfe, in seiner diplomatischen Antwort gibt ihr Eugen III. zu verstehen, wenn Richardis auch im Erzbistum Bremen die Regel Benedikts befolge, sei ein Wechsel möglich.

Widerstrebend fügt sich Hildegard in die Erkenntnis, daß Richardis nicht zurückkehren wird. Sie fühlt sich als Mutter, die ihre Tochter verloren hat, und gleichzeitig als verwaiste Tochter. Ihr Abschiedsbrief an die Äbtissin in Bassum gehört zu den

WIRKEN ALS ÄBTISSIN UND PROPHETIN

sprachlich ergreifendsten Schriften aus ihrem Werk: „Höre, Tochter, mich, deine Mutter, die ‚im Geiste' zu dir spricht: Schmerz steigt in mir auf. Der Schmerz tötet das große Vertrauen und die Tröstung, die ich in einem Menschen besaß (...). Weh mir Mutter, weh mir Tochter! Warum hast du mich wie eine Waise zurückgelassen? Ich habe den Adel deiner Sitten geliebt, deine Weisheit und deine Keuschheit, deine Seele und dein ganzes Leben, so daß viele sagten: ‚Was tust du?' Nun sollen alle mit mir klagen, die Schmerz leiden gleich meinem Schmerz, die aus Gottes Liebe in ihrem Herzen und Gemüt Liebe zu einem Menschen trugen, wie ich sie zu dir gehabt – einem Menschen, der ihnen in einem Augenblick entrissen ward, so wie du mir entrissen worden bist. Gottes Engel schreite vor dir her, es schütze dich Gottes Sohn, und Seine Mutter behüte dich. Gedenke deiner armen Mutter Hildegard, auf daß dein Glück nicht dahinschwinde" (Briefwechsel, S. 98).

Inmitten dieser Turbulenzen beendet Hildegard die Arbeit an *Scivias*, die sich seit 1141 über zehn Jahre lang hingezogen hat. Der Weggang Richardis' scheint auf beiden Seiten jedoch noch längst nicht verarbeitet und nimmt einen tragischen Ausgang: Am 29. Oktober 1152, nachdem Richardis über ein Jahr Äbtissin in Bassum ist, stirbt sie an den Folgen einer nicht näher bekannten Krankheit. Ihr Bruder, Erzbischof Hartwig von Bremen, unterrichtet Hildegard in einem Brief von diesem endgültigen Verlust. Aus diesem Brief ist auch zu entnehmen, daß es Richardis als Äbtissin in Bassum nicht gut ging, daß sie sich zurücksehnte nach Bingen zu ihrer geistigen Mutter Hildegard, und daß die Erlaubnis zurückzukehren unmittelbar vor ihrer Erkrankung erteilt wurde. In ihrem Antwortschreiben interpretiert Hildegard den Tod der geliebten Schwester als Eifersucht des himmlischen Bräutigams, der Richardis sowohl dem Äbtissinnenamt in Bassum als auch Hildegards eigenen Sehnsüchten entzog. Es kommt zur Versöhnung zwischen Hartwig und Hildegard.

Hildegards musikalische Schöpfungen

Weitere, einschneidende Ereignisse für Hildegard und ihr Kloster prägen das selbe Jahr. Die Weihe der neu errichteten Klosterkirche ist für 1152 belegt: eine dreischiffige romanische Basilika, deren Ost-Apsis fast an das Naheufer grenzt und - repräsentativ von zwei Türmen gerahmt – der Stadt Bingen auf der anderen Naheseite gegenüberliegt. Vielleicht wird zu diesem Anlaß Hildegards Singspiel, der *Ordo virtutum,* d. h. Ordnung/Tanz der Tugenden, aufgeführt. Eine einfache Textfassung dieser *Moralität* findet sich bereits am Ende von *Scivias*, im Zusammenhang mit den übrigen Kompositionen Hildegards im Wiesbadener Riesencodex ist eine erweiterte Fassung mit Noten überliefert. Hildegard und ihre Nonnen sind mehrmals in die Rolle der Seele und der Tugenden geschlüpft und haben den schwierigen Weg, auf dem die Seele mit Hilfe der Tugenden unterwegs zu Gott ist, singend und tanzend gespielt. Das Stück sieht nur eine Männerrolle vor: den Teufel, der die Seele vom rechten Weg abbringen will. Ob Volmar als Mann im Frauenkloster den Teufel spielen mußte? Darüber schweigen die Quellen …

Inzwischen ist Hildegard nicht nur fürs Bücherschreiben berühmt, auch als Dichterin und Komponistin von Liedern hat sie sich einen Namen gemacht. Heute sind außer dem *Ordo virtutum* 77 einstimmig notierte Gesänge überliefert: Hymnen und Antiphonen für den liturgischen Eigenbedarf ihrer Klostergemeinschaft, aber auch für andere befreundete Klöster. Für ihren eigenen Konvent schreibt Hildegard zum Beispiel Gesänge für das Fest der Kirchweihe, für das befreundete Kloster in Fulda entsteht ein Hymnus an den hl. Bonifatius, für die Abtei in Trier einer an den hl. Maximin. Unter den vielen Heiligen, um die die Inhalte der Lieder kreisen, nimmt Maria eine Sonderstellung ein, allein 16 Gesänge sind ihr gewidmet.

Moralität: grundsätzliche und allgemein menschliche Erfahrungen werden in einem lehrhaften, an die Moral appellierenden Drama dargestellt durch Allegorien: die Seele, Tugenden und Laster, der Tod usw. Die vielleicht berühmteste Moralität ist der auf ein englisches Vorbild zurückgehende *Jedermann*.

HILDEGARD VON BINGEN, *Lieder*. Hrsg. v. Pudentiana Barth OSB, Immaculata Ritscher OSB und Joseph Schmidt-Görg, 1969 (Kurztitel = **Lieder**).

Antiphon: Kehrvers, den man vor und nach einem Psalm oder auch zwischen einzelnen Psalmversen singt.

Auch die Dreifaltigkeit oder die Engel sind Themen, die sich in den Liedtexten finden. Für die Mitte des 12. Jahrhunderts ganz aktuell sind liturgische Gesänge zum Fest der hl. Ursula und der elftausend Jungfrauen, deren Verehrung in Köln und von da ausgehend im ganzen Rheinland einen großen Aufschwung erfährt. In Ursula und ihrer Jungfrauenschar, die laut Legende gegen den Willen der Männer eine gefährliche Pilgerfahrt nach Rom auf sich nahmen, scheint Hildegard eine Art Identifikationsmodell gefunden zu haben, ist sie doch selber gegen den Willen der Männer vom Disibodenberg mit einer Schar Jungfrauen nach Bingen aufgebrochen.

Für Hildegard sind ihre Liedschöpfungen Bestandteil ihres prophetischen Selbstverständnisses: Gott zeigt ihr nicht nur in inneren Bildern, was sie der ganzen Weltkirche verkünden soll, er läßt es sie auch hören – und das nicht nur in Worten, sondern auch in Melodien, die widerklingen von himmlischen Harmonien. Hildegards Melodien wurzeln in der Gregorianik ihrer Zeit, weisen aber etliche Eigenarten auf: reiche *Melismen,* große Intervalle und einen *Ambitus,* der sich nicht selten über mehr als zwei Oktaven erstreckt.

> **Melisma:** Folge von nur auf einer Textsilbe gesungenen Tönen.
>
> **Ambitus:** der Tonumfang (eines Stückes).

Auseinandersetzungen mit dem Disibodenberg

Anfang der 50er Jahre machen sich wieder einige Dissonanzen zwischen Disibodenberg und Rupertsberg bemerkbar. Abt Kuno will Volmar, der auch auf dem Rupertsberg Hildegard als Sekretär und dem Konvent als Spiritual zur Verfügung steht, zurückholen, außerdem verweigert der Konvent den Schwestern die Ländereien und deren Erträge, die sie beim Entritt in die Frauenklause als Schenkungen ihrer Familien mitbrachten. Hildegard reitet zum Disibodenberg, ein Brief an ihre Schwesterngemeinschaft gibt Zeugnis von den harten Auseinandersetzungen und Hildegards Rede an Kuno: Die den Schwestern „gemachten Schenkungen gehören weder dir noch deinen Brüdern. Hingegen soll eure Stätte ihnen Zuflucht sein. Wollt ihr aber in eurem Widerstand verharren und gegen uns mit den Zähnen knirschen, so werdet ihr den Amalekitern gleichen und dem Antiochus, von dem geschrieben steht, daß er den Tempel des Herrn beraubt hätte. Haben einige von euch in ihrer Unwürdigkeit gesprochen: ‚Wir wollen ihren Besitz verringern', so spreche ICH, DER ICH BIN: ‚Ihr seid die schlimmsten Räuber! Wenn ihr aber versuchen solltet, den Hirten der geistlichen Heilkunst [Propst Volmar] den Nonnen zu entziehen, dann sage Ich euch ferner: Ihr seid den Söhnen Belials gleich und habt die Gerechtigkeit Gottes nicht vor Augen. Deshalb wird Gottes Strafgericht euch vernichten!'" (Briefwechsel, S. 105).

Kuno stirbt 1155, mit seinem Nachfolger Helenger regelt Hildegard nicht nur die Freigabe der Güter ihrer Schwestern, sondern entzieht auch in anderen Bereichen ihre Gründung so weit wie möglich dem Zugriff des Disibodenberges: Nach Hildegards Tod dürfen ihre Schwestern eine neue Äbtissin frei wählen. Hildegard ist zwar sehr an einem Spiritual aus dem Konvent vom Disibodenberg interessiert, aber die diesbezügliche Entscheidung liegt in der Hand der Schwestern. Abt und Konvent sollen den, auf den die Wahl der Frauen fällt, freistellen. Hildegard wehrt sich zudem erfolgreich gegen die Einsetzung eines weltlichen Vogtes für die Verwaltung der Klostergüter, nur dem Mainzer Erzbischof ist ihr Kloster unterstellt. In den folgenden Jahren erwirkt sie durch ihre Beziehungen zu Friedrich I. Barbarossa auch eine kaiserliche Urkunde, die das Kloster unter den Schutz des Kaisers stellt und es von jeder Reichsabgabe befreit. Als 1165 kaiserliche Soldaten den Rheingau verwüsten, bleibt Hildegards Kloster verschont.

Friedrich I. Barbarossa, 1122–1190, 1152 zum König gewählt, 1155 zum Kaiser gekrönt, verstand sich als Führer der abendländischen Christenheit, beanspruchte eine Position, die ihn über das Papsttum stellte, und tendierte zu einer Praxis aus der Zeit vor dem Investiturstreit.

Naturkunde und Geheimsprache

In die fünfziger Jahre auf dem Rupertsberg fällt auch die Entstehungszeit von Hildegards naturkundlichem Werk. Sie selber berichtet, sie habe mit Gottes Hilfe ein Buch verfaßt namens *Liber subtilitatum diversarum naturarum creaturarum,* d. h. Buch über die Feinheiten der verschiedenen Naturen der Geschöpfe. Von einer Handschrift mit diesem Titel aber fehlt im Unterschied zu den anderen Werken Hildegards jede Spur. Wesentlich jüngere Quellen überliefern zwei Bücher mit den Titeln *Physica,* was so viel heißt wie Naturkunde, und *Causae et curae,* Ursachen und Behandlungsmöglichkeiten (von Krankheiten). Wahrscheinlich ist unter diesen beiden Teilen etliches aus Hildegards ursprünglichem Buch enthalten, aber vermischt mit jüngeren, nicht von Hildegard verfaßten Abschnitten. Aufgrund der desolaten Quellenlage sollte man also ehrlicherweise höchstens von einer unter Hildegards Namen überlieferten Natur- und Heilkunde sprechen. Zudem ist der Vorstellung zu wehren, man könne die hier tradierten Ratschläge so einfach vom Mittellateinischen übersetzen und sei im Besitz nach wie vor gültiger Therapieanweisungen gegen heutige Krankheiten. Die unter ihrem Namen überlieferten naturkundlichen Schriften machen Hildegard heute besonders populär, dabei handelt es sich nur um einen kleinen Teilbereich ihres vorwiegend theologischen Schaffens – und zudem um den mit der unsichersten Quellenlage.

Eindeutig, was die Quellenlage angeht, aber ansonsten mit vielen Rätseln verbunden sind Hildegards *Geheimsprache* und *Geheimschrift, lingua ignota* und *litterae ignotae,* von deren Schöpfung sie selber berichtet und die in mehreren Handschriften überliefert sind. Bekannt sind ca. tausend Substantive vorwiegend aus dem medizinisch-botanischen Bereich: sowohl in Hildegards Geheimsprache als auch in der mittellateinischen bzw. mittelhochdeutschen Übersetzung. Herkunft und Anwendungsbereiche dieser nie gehörten Sprache liegen nach wie vor im Dunkeln. Ein Text, der Substantive aus der Geheimsprache verwendet, ist zum Beispiel eine Antiphon, die Hildegard zum Kirchweihfest schrieb. Vielleicht wollte Hildegard damit andeuten, wie unzureichend die herkömmliche Sprache ist, um das wiederzugeben, was sie durch Gottes Gnade erfahren durfte? Aber das bleibt Spekulation, die Quellen überliefern nichts über Sinn und Nutzen dieser Sprache. Hildegards Kloster verfügt über eine Schreibstube, in der die Werke der berühmten Äbtissin zusammengestellt, teilweise illustriert und vervielfältigt werden. Die heute älteste Handschrift mit Werken Hildegards, die Zwiefaltener Briefhandschrift, entsteht in den Jahren 1154–1170 in Kooperation von Zwiefaltener und Rupertsberger Kopisten. Sie enthält neben theologischen Traktaten anderer Autoren drei Gesänge Hildegards, 113 Briefe von ihr als Absenderin und drei Briefe an sie als Adressatin.

Briefwechsel und „Kleinschriften"

Hildegards Briefwechsel gibt wie kaum eine andere Schrift Zeugnis von den vielen Seiten ihrer Persönlichkeit, er belegt ihre pastorale und spirituelle Kompetenz ebenso wie ihr prophetisches Engagement, verbunden mit politischer Klugheit. Etliche Anlässe gibt es für die Äbtissin vom Rupertsberg, die auf göttlichen Befehl handelt, sich in die Politik ihres „weibischen" Jahrhunderts einzumischen – so z. B. im Fall Friedrich Barbarossas, den sie nach 1164 (Fortführung des Schismas durch den von Barbarossa eingesetzten zweiten Gegenpapst Paschalis III.) zur Besinnung mahnt: „O König, es ist dringend notwendig, daß du in deinen Handlungen vorsichtig bist. Ich sehe dich nämlich in der geheimnisvollen Schau wie ein Kind, einen unsinnig Lebenden vor den lebendigen Augen [Gottes]. Noch hast du Zeit, über irdische Dinge zu herrschen. Gib acht, daß der höchste König dich nicht zu Boden streckt wegen der Blindheit deiner Augen, die nicht richtig sehen, wie du das Zepter zum rechten Regieren in deiner Hand halten mußt" (Briefwechsel, S. 86). Allerdings ist die abendländische Christenheit auch schon vor 1164 gespalten, bereits 1159 hat Bar-

WIRKEN ALS ÄBTISSIN UND PROPHETIN

barossa mit Victor IV. einen ersten Gegenpapst eingesetzt. Hier hat sich Hildegard zurückgehalten; der Schluß liegt nahe, daß sie zunächst die kaiserliche Schutzurkunde für ihr Kloster abwartet, die sie 1163 erhält. In einem früheren, von Barbarossa an Hildegard gerichteten Brief geht der Kaiser auf ein Treffen der beiden in der Pfalz zu Ingelheim ein. Zeitpunkt und Inhalt dieses Treffens sind jedoch nicht überliefert.

Eine andere Seite Hildegards wird im Briefwechsel mit Elisabeth von Schönau deutlich. Auch Elisabeth versteht sich als Empfängerin göttlicher Visionen, sie ist jedoch wesentlich jünger als Hildegard. Im Unterschied zur erfahreneren und sicher auch gebildeteren Äbtissin in Bingen gerät Elisabeth beim Empfang ihrer Visionen in Verzückung, auch zeichnet sich ihr Leben durch strenge Askese, durch Fasten und Schlafentzug aus. Elisabeth schildert Hildegard ihre Ekstasen und ihre geistige Not, Hildegard antwortet der durch übereifrige Askese todkranken Elisabeth mit benediktinischer Weisheit: „In einer wahren Schau sah und hörte ich folgende Wort: O Tochter Gottes, die du aus Liebe zu Gott mich armseliges Gebilde ‚Mutter' nennst, lerne Maßhaltung! Sie ist für Himmlisches und Irdisches die Mutter aller Tugenden. Denn durch sie wird die Seele geleitet und ebenso der Leib in rechter Zucht ernährt (…). Wie durch unangebrachten Sturzregen die Frucht der Erde Schaden leidet und wie in ungepflügter Erde nicht gute Frucht, sondern unnütze Kräuter aufsprießen, so wird auch der Mensch, der sich mehr Mühsal auferlegt, als sein Körper aushalten kann – da in ihm das Wirken der heiligen Diskretion geschwächt ist –, durch maßlos auferlegte Mühsal und Enthaltsamkeit seiner Seele keinen Nutzen bringen" (Briefwechsel, S. 199). Elisabeth stirbt bald darauf mit 36 Jahren.

> **Elisabeth von Schönau**, um 1129–1164, Benediktinerin und Klostervorsteherin. Hauptwerk ist ihr vom Titel her an Hildegards *Scivias* erinnernder, aber stilistisch und inhaltlich davon unabhängiger *Liber viarum Dei*, das Buch der Wege Gottes.

Könige und Bischöfe sind unter Hildegards Briefpartnern, Nonnen und Mönche, die sich über die Zustände im Kloster beklagen, aber auch Laien, die wegen einer bevorstehenden Eheschließung oder Reise um Rat fragen. „Ich warne und ermahne dich bei Gott, von der Reise, die du unternehmen möchtest,

Abstand zu nehmen, denn weder für die Seele noch für den Leib ist sie dir von Nutzen, weil deine Kräfte geschwächt sind" (Briefwechsel, S. 221), empfiehlt Hildegard einem Konrad aus Andernach.

Gerade anhand der Überlieferung von Hildegards Briefwechsel läßt sich heute ablesen, wie schon Hildegards Zeitgenossen zusammen mit den Briefen auch ein bestimmtes Hildegard-Bild prägen wollten. Die originalen Briefe Hildegards und ihrer Korrespondenzpartner sind nicht mehr erhalten, üblicherweise fertigte man aber Duplikate sowohl der abgeschickten als auch der empfangenen Briefsendungen an, diese Duplikate wurden wiederum in Codices kopiert und zusammengestellt. Die erwähnte Zwiefaltener Briefhandschrift gilt aufgrund ihres hohen Alters und der nicht erkennbaren Ordnung der Briefe als sehr authentisch. Spätere Redaktionen aber ordnen die Briefe nach systematischen Aspekten, z. B. folgt ihre Auflistung der Hierarchie von Päpsten, Bischöfen, Äbten und Äbtissinnen, Priestern und Ordensleuten, schließlich Adeligen und sonstigen Laien. Auch ist das Bemühen erkennbar, sämtliche Briefe Hildegards als Antworten auf an sie von auswärts gerichtete Bitten erscheinen zu lassen. Wahrscheinlich sollte so ihre Bedeutung gesteigert werden, dabei war es nachweislich Hildegard, die sich mit der Bitte um Hilfe z. B. an Bernhard von Clairvaux wandte, und nicht Bernhard, der an die ihm völlig unbekannte Hildegard schrieb. Ist von einem Adressaten kein Anfrageschreiben vorhanden, wird eine vorhandene schriftliche Anfrage mit neuem Absender versehen und vor einen Hildegard-Brief gestellt. Dies ist auch der Fall bei Codices, deren Entstehung noch in die letzten Lebensjahre Hildegards auf dem Rupertsberg fällt. Hat Hildegard nichts davon gewußt? Das ist schwer vorzustellen, wenn man bedenkt, um was sie sich sonst alles zu kümmern genötigt sah …

Doch zunächst zurück in die späten fünfziger Jahre. Auch kleinere religiöse Schriften entstehen in dieser Zeit auf dem Rupertsberg: Hildegard schreibt je eine Vita über den hl. Disibod, den Patron des Benediktinerklosters auf dem Disibodenberg, und über den hl. Rupert, den Patron ihres eigenen Klosters bei

Bingen. Für ihre Schwesterngemeinschaft legt sie etliche Evangelien der Sonn- und Feiertage im Kirchenjahr aus, für befreundete Klöster schreibt sie eine Erklärung der Regel Benedikts und eine Auslegung des *Athanasianischen Glaubensbekenntnisses*.

Das Buch der Lebensverdienste

Nun beginnt die inzwischen 60jährige Hildegard mit dem zweiten Teil ihrer theologischen Trilogie, dem *Liber Vitae Meritorum,* dem Buch der Lebensverdienste, an dem sie von 1158 bis 1163 arbeitet. Dieses Werk greift die Moralität des *Ordo virtutum* am Ende von *Scivias* auf, denn es stellt insgesamt 35 Paare von Lastern und Tugenden gegenüber, die um die Gunst des Menschen werben. Hildegard positioniert diese Gegenüberstellung in die Rahmenhandlung von einem Mann, der den ganzen Kosmos umfaßt, sich zu verschiedenen Himmelsrichtungen dreht und sich am Ende zusammen mit den vier Ausrichtungen des Kosmos bewegt. Hinter diesem Mann verbirgt sich niemand anderes als Gott selbst, der sich in Christus in seiner Schöpfung zeigt und der sie am Ende der Vollendung zuführt. Wie schon *Scivias* und wie später der *Liber Divinorum Operum* endet auch dieser mittlere Teil der Trilogie mit einer Apokalypse, mit einer bildhaften Schilderung vom Ende der Welt. Die Entscheidung des Menschen zwischen Tugenden und Lastern ist eingespannt in Gottes Wirken in der Schöpfung bis zu ihrer Vollendung. Hildegards *Liber Vitae Meritorum* liest sich wie eine bilderfreudige Ausgestaltung des *Ordo virtutum*. Die Worte, die sie den einzelnen Lastern und Tugenden in den Mund legt, verraten ein tiefes psychologisches Gespür für das, was sich im Innern des Menschen an Sehnsüchten und Entscheidungen abspielt.

Athanasianisches Glaubensbekenntnis oder *Quicumque:* dem Kirchenvater Athanasius zugeschr. Credo a. d. 5. Jh., das in sprachlicher Dichte und hoher literarischer Qualität hymnenartig Geheimnisse der Trinität und der Christologie zum Gegenstand hat. Bis heute ist es im Brevier zum Dreifaltigkeitsfest vorgesehen.

HILDEGARD VON BINGEN, *Der Mensch in der Verantwortung. Das Buch der Lebensverdienste – Liber Vitae Meritorum.* Übers. u. erl. v. Heinrich Schipperges, 1994 (Kurztitel = **Lebensverdienste**).

Predigtreisen und Gründung des Klosters Eibingen

Ältere Hildegard-Biographien berichten, Hildegard sei um dieselbe Zeit, in der sie ihre Arbeit am *Liber Vitae Meritorum* begann, zu einer ersten Predigtreise aufgebrochen, der in den folgenden zwölf Jahren noch drei weitere gefolgt seien. In der Tat berichtet die *Vita* summarisch, Hildegard habe den Willen Gottes u.a. in Köln, Trier, Metz, Würzburg und Bamberg, in Siegburg, Eberbach, Hirsau, Zwiefalten, Maulbronn, Rothenkirchen, Kitzingen, Kraufthal, Hördt, Hagen und Werden (Vita, S. 110) verkündet. Aber erst vor gut 100 Jahren ging man in der frühen Hildegard-Forschung daran, diese lose aufgelisteten Orte vier Predigtreisen zuzuordnen, die man sowohl zeitlich als auch geographisch unterschied: Die erste soll den Main entlang nach Mainz, Wertheim, Würzburg, Kitzingen und Bamberg geführt haben, eine zweite um 1160 nach Trier und Lothringen, eine dritte 1161 den Rhein entlang nach Boppard, Andernach, Siegburg, Köln und Werden an der Ruhr, eine vierte schließlich 1170/71 in die schwäbischen Klöster Maulbronn, Hirsau und Zwiefalten.

Die Orte, die die *Vita* nennt, decken sich größtenteils mit Absendern und Adressaten aus Hildegards Korrespondenz, und tatsächlich berichten auch etliche Briefe von Reisen und Besuchen, bei denen Hildegard den Willen Gottes verkündete. So erfahren wir vom Domdekan Philipp aus Köln: „Nachdem ihr von uns gegangen wart – Ihr seid ja auf göttliches Geheiß zu uns gekommen und habt uns, wie Gott es Euch eingegeben, Worte des Lebens eröffnet –, waren wir von größter Bewunderung ergriffen, daß Gott in einem so zerbrechlichen Gefäß, im schwachen Geschlecht, solche Wunder Seiner Geheimnisse wirkt (...). Auch bitten wir Euch, das uns damals persönlich Gesagte schriftlich niederzulegen und zu übersenden ..." (Briefwechsel, S. 168 f.). Das Reisen, um den Willen Gottes zu verkünden, fügt sich gut in Hildegards prophetisches Selbstverständnis nach biblischem Vorbild ein, die *Vita* bemüht sogar den Vergleich mit Jona, der in göttlicher Mission nach

Ninive aufbricht (Vita, S. 225). Die Annahme von vier organisierten Predigtreisen aber ist aufgrund der Quellenlage nicht länger haltbar.

Rund 15 Jahre nach der Loslösung des Frauenkonventes vom Disibodenberg hat Hildegards Kloster so regen Zulauf, daß der Platz abermals nicht ausreicht. Auf der anderen Rheinseite steht in Eibingen, heute ein Ortsteil von Rüdesheim, ein verfallenes Augustinerkloster, das Hildegard 1165 für ihre Zwecke erwirbt und wieder instandsetzen läßt. Es bietet Platz für weitere 30 Nonnen. Bis zu ihrem Tod leitet Hildegard beide Klöster und überquert regelmäßig den Rhein, um in ihrer Neugründung nach dem Rechten zu sehen.

Das Buch der göttlichen Werke – Die Arbeit der Sekretäre nach dem Tod Volmars

Schon vor der Gründung von Eibingen hat Hildegard mit der Arbeit am letzten Teil ihrer theologischen Trilogie begonnen, dem *Liber Divinorum Operum,* dem Buch der göttlichen Werke. Es gilt als Hildegards reifstes Werk und ist gleichzeitig dasjenige, das heutigen Lesern die größte Mühe machen dürfte. Das Thema ist nicht neu und greift Elemente aus *Scivias* und dem *Liber Vitae Meritorum* wieder auf: Es geht um Schöpfung und Heilsgeschichte, um die Stellung und den Sinn des Menschen, um die vielfältigen Bezüge zwischen den einzelnen Geschöpfen im Kosmos. Auch der *Liber Divinorum Operum* mündet ein in eine großartig angelegte Schau der gesamten Heilszeit von der Schöpfung bis zur Vollendung der Welt. Gleichsam als Spiegelachse stehen sich in der Mitte des Werkes zwei Bibelstellen in der Auslegung Hildegards gegenüber: der Johannesprolog und die (priesterschriftliche) Schöpfungserzählung Genesis, Kap. 1. Hildegards ganzes Alterswerk kreist um diese Mitte: Gottes Selbstoffenbarung am Anfang der Zeit im Kosmos und im Menschen, in der Mitte der Zeit in Chri-

> HILDEGARD VON BINGEN, *Das Buch vom Wirken Gottes. Liber divinorum operum.* Übers. u. hrsg. v. Mechthild Heieck, 1998 (Kurztitel = **Wirken Gottes**).

> Die Unterscheidung der beiden Schöpfungserzählungen wird auf S. 90 erklärt.

stus, seinem fleischgewordenen Schöpfungswort, am Ende der Zeit in einem neuen Himmel und einer neuen Erde. Wie an *Scivias* arbeitet Hildegard auch am letzten Teil ihrer Trilogie zehn Jahre. Fünfundsiebzig Jahre zählt sie bei seiner Fertigstellung.

Noch vor der Fertigstellung des *Liber Divinorum Operum* stirbt Volmar, der Erzieher und Lehrer aus Hildegards ersten Klosterjahren und dann ihr langjähriger Sekretär, Berater, Vertrauter und Beichtvater. Wieder gibt es Streitigkeiten mit den Mönchen vom Disibodenberg. Abt Helenger weigert sich, den von Hildegard und ihren Schwestern gewählten Priester zum Rupertsberg ziehen zu lassen, und verletzt so die Vereinbarungen, die Hildegard nach dem Tod Kunos mit dem Konvent getroffen hat. Sie schaltet ein weiteres Mal den Papst ein: Durch Vermittlung von Alexander III. kommt 1174 Gottfried als Sekretär und Spiritual auf den Rupertsberg. Er stirbt bereits nach zwei Jahren. In dieser kurzen Zeit scheint Gottfried die Zeichen der Zeit erkannt zu haben, denn er beginnt schon einmal vorsorglich, eine Vita der zwar noch lebenden, aber immerhin auf die achtzig Lebensjahre zugehenden, berühmten Äbtissin zu schreiben. Nach seinem Tod helfen Hildegards Bruder Hugo aus Mainz und ein weiterer Priester aus der Bischofsstadt während der Vakanz aus. Erst 1177 wird das Amt des Sekretärs und Spirituals auf dem Rupertsberg wieder besetzt, und zwar von Wibert von Gembloux.

Wibert von Gembloux, 1124/25–1213, erzogen in der Klosterschule von Gembloux in Lothringen, wo er 1194 auch Abt wird, zuvor (1188) Abt von Florennes. Wibert ist berühmt vor allem für seinen literarisch bedeutsamen, aber oft auch rhetorisch überfrachteten Briefwechsel.

Er ist rund 25 Jahre jünger als Hildegard, Mitglied des Benediktinerkonventes von Gembloux bei Namur und kommt aus purer Begeisterung für Hildegard nach Bingen. Schon rund zwei Jahre vorher hat er in einem Brief die berühmte Äbtissin gebeten, ihm etwas über die Art und Weise ihrer Visionen mitzuteilen. Obwohl Hildegard Wibert nicht persönlich kennt, öffnet die alternde Prophetin dem fernen Korrespondenten in ihrer Antwort die Tiefen ihrer Gotteserfahrung und teilt ihm etwas von ihrer Begegnung mit dem „lebendigen Licht" mit: „Wann und wie ich es schaue, kann ich nicht sagen. Aber solange ich es schaue, wird alle Traurigkeit und alle Angst von mir genommen, so daß ich mich wie ein einfaches junges Mädchen fühle und nicht wie eine alte Frau ..." (Briefwechsel, S. 227). Wibert ist so begeistert, daß er auf eine Gelegenheit hofft, Hildegard persönlich kennenzulernen. In der genannten Vakanz scheint sich ihm die ideale Möglichkeit zu bieten, nach Bingen zu reisen und vorerst dort zu bleiben. Sein Bleiben setzt er sogar gegen des Willen seines Abtes in Gembloux durch.

Wibert versteht sein Amt als Sekretär anders als Volmar: Er ist stilistisch geschult und kaum davon zu überzeugen, daß das primitive Latein Hildegards die angemessene Sprache sei, ihre Gotteserfahrungen mitzuteilen. Am Ende ihres Lebens scheint Hildegard ihrem letzten Sekretär gestattet zu haben, einige Schriften auch stilistisch zu überarbeiten. Auf das Konto Wiberts scheint auch das erwähnte Arrangement der Briefe Hildegards zu gehen.

Der letzte Kampf

In den letzten drei Lebensjahren Hildegards kommt es zur Auseinandersetzung mit dem Mainzer Domkapitel. Beim Verfolgen des Konfliktes drängt sich nicht selten der Verdacht auf, daß hier ein Stellvertreterkrieg ausgetragen wird, der seine Wurzeln in mehreren Jahrzehnten des Tauziehens zwischen der charismatischen Äbtissin in Bingen und der amtlichen Kirchenleitung in Mainz hat. 1178 läßt Hildegard einen exkommunizierten Adeligen, der sich jedoch vor seinem Tode durch den Empfang der Sakramente wieder mit der Kirche versöhnt hat, auf ihrem Klosterfriedhof beerdigen. Da die Wiederaufnahme dieses Mannes in die Kirche privat und nicht offiziell stattgefunden hat, verlangt das Domkapitel von Hildegard die Entfernung der Leiche aus der geweihten Erde. Der zuständige Erzbischof Christian von Buch befindet sich gerade beim Papst in Rom und kann nicht

Christian von Buch, 1130–1183, seit 1167 Erzbischof von Mainz, enger Vertrauter von Friedrich I. Barbarossa, während des Schismas Verfechter der kaiserlichen Reichspolitik, weshalb er auch als *Antichristus* bezeichnet wurde. Als Hildegard wegen des Interdikts mit ihm verhandelte, war er längst ein vom rechtmäßigen Papst Alexander III. anerkannter und einflußreicher Kirchenfürst.

eingreifen. Hildegard weigert sich, der Anordnung des Domkapitels Folge zu leisten, und nimmt das zur Strafe verhängte Interdikt auf sich und ihre Klostergemeinschaft: Wie aus ihrem Briefwechsel in dieser Angelegenheit zu entnehmen ist, beinhaltet diese Strafe das Verbot, die Eucharistie zu empfangen und bei der Tagzeitenliturgie zu singen. Beide Verbote treffen ins Herz benediktinischer Spiritualität. Hildegard verfaßt einen Brief an das Mainzer Domkapitel, den sie persönlich überbringt. In diesem Schreiben legt sie die Schuld der Domkapitulare dar, die den von der Erbsünde so beeinträchtigten Nonnen das Heilmittel der Eucharistie verweigern. Gleiches gilt für das Verbot des Singens, ist doch die Musik, insbesondere der Psalmengesang, im mittelalterlichen Verständnis Trost für den vom Sündenfall betroffenen Menschen. Musik, Harmonie ist für Hildegard ein Wesensmerkmal der Kirche und ihrer Erlösungsfunktion, und nur der Teufel trachtet danach, Dissonanzen in diese Harmonie zu bringen. Zu Ende geführt, aber von Hildegard mehr zwischen die Zeilen verstaut, lautet die Argumentation: Und eine Kirchenleitung, die das Singen verbietet, übt eine teuflische Tätigkeit aus. Ausdrücklich wirft sie den Herren in Mainz Amtsmißbrauch vor: „Diejenigen also, die der Kirche in bezug auf das Singen des Gotteslobes Schweigen auferlegen, werden – da sie auf Erden das Unrecht begingen, Gott die Ehre des Ihm zustehenden Lobes zu rauben – keine Gemeinschaft haben mit dem Lob der Engel im Himmel, wenn sie das nicht durch wahre Buße und demütige Genugtuung gutgemacht haben. Die also die Schlüssel des Himmels besitzen, sollen sich entschieden hüten zu öffnen, was zu schließen, und zu schließen, was zu öffnen ist. Denn das härteste Gericht wird über die Prälaten ergehen, wenn sie nicht, wie der Apostel sagt, ihr Vorsteheramt mit Sorgfalt führen" (Briefwechsel, S. 240).

Hildegards Appell bleibt ohne Wirkung, mehrmals wendet sie sich nun an Erzbischof Christian in Rom. Auch kann sie inzwischen Zeugen dafür anführen, daß der Exkommunizierte tatsächlich im Frieden mit der Kirche verstorben ist, sogar der Priester, der ihm die Beichte abgenommen hat, sagt zu Hildegards Gunsten in Mainz vor dem Domkapitel aus. Aufgrund der langen Wege zwischen Mainz und Rom aber trifft vorerst eine erneute Bestätigung des Interdiktes aus Rom ein, Christian weiß noch nichts von der nun geklärten Sachlage und bestätigt die Entscheidung seines Domkapitels: Aufgrund der Ungewißheit über die Absolution des Exkommunizierten gehört der Verstorbene eindeutig nicht in geweihte Erde. Erst als Hildegard ihn vom neuesten Stand der Dinge unterrichtet, wird das Interdikt endgültig aufgehoben. Wibert von Gembloux, der das Interdikt vor Ort miterlebt, erwähnt diesen Konflikt mit der Kirchenleitung mit keiner Silbe. Auch die *Vita* geht stillschweigend darüber hinweg.

Hildegard überlebt ihren letzen Kampf nur um einige Monate. Sie stirbt einundachtzigjährig am Morgen des 17. September 1179, in der Nacht von Sonntag auf Montag.

Wirkungsgeschichte

Der sprachgewandte Wibert von Gembloux beginnt, eine Vita über Hildegard zu schreiben. Aber als er 1180 den Rupertsberg verläßt, bleibt die Vita inmitten seiner vielen neuen Aufgaben unvollendet. Theoderich, ein Mönch der Abtei Echternach, der Hildegard nie persönlich kennengelernt hat, macht sich in einer Auftragsarbeit an die Komposition einer Vita, für die er vorhandenes Material verwenden kann: die bereits erwähnten Skizzen Gottfrieds, eigene Aufzeichnungen Hildegards und eine Zusammenstellung mit Berichten von Heilungswundern. Auch Theoderich gestaltet das Bild Hildegards, das er der Nachwelt überliefern soll: Hildegard, die sich selber als Prophetin nach biblischem Vorbild verstand, ist für Theoderich eine Vertreterin der inzwischen in Mode gekommenen Brautmystik, die in Visionen eine Vereinigung mit dem biblischen Bräutigam erfährt – obwohl der Inhalt der Visionen Hildegards, mit denen Theoderich offensichtlich nicht vertraut ist, nichts dergleichen hergibt.

Ein weiterer Autor prägt die Hildegard-Rezeption der folgenden Jahrhunderte nachhaltig: Gebeno von Eberbach stellt zu Beginn des 13. Jahrhunderts ein *Speculum futurorum temporum* zusammen, einen Spiegel zukünftiger Zeiten, in den er vor allem Hildegards Schilderungen der Endzeit aufnimmt. Nun werden die Visionen Hildegards zu Vorhersagen eines nahen Weltenendes, Hildegard selber zu einer Art Wahrsagerin. Es ist bezeichnend, daß das Werk Gebenos offensichtlich breiter rezipiert wird als Hildegards Werke selber und so zu einem bis heute verbreiteten Mißverständnis beiträgt.

In Hildegards Klöstern richtet man sich zu dieser Zeit auf die erwartete Heiligsprechung ein. Um dieses schon früh verfolgten Zieles willen sind in der Schreibstube auf dem Rupertsberg Codices entstanden, die zum ersten Mal das Gesamtwerk Hildegards aufnehmen oder die Visionsschriften der berühmten Äbtissin reich illustrieren. Denn mit einer Heiligsprechung ist eine vorherige Prüfung aller Schriften der betreffenden Person

WIRKUNGSGESCHICHTE

sowie im Falle eines positiven Befundes eine kirchliche Anerkennung dieser Schriften verbunden.

Um 1230 besticken die Nonnen auf dem Rupertsberg ein Antependium aus roter Seide: Christus thront in der Mitte, umgeben von den Heiligen Johannes dem Täufer, Petrus und Maria zu seiner Rechten, Rupert, Hildegard und Martin zu seiner Linken. Und ganz selbstverständlich trägt Hildegard wie ihre Nachbarn einen Heiligenschein, während sie in der einen Hand ein Buch, in der anderen ein Modell ihrer Klostergründung hält. Die erwartete Heiligsprechung aber bleibt aus: Zwar kommt es 1228 zur Eröffnung eines solchen Verfahrens unter Papst Gregor IX., die von ihm bei der Mainzer Kirchenleitung angeforderten Unterlagen aber kommen nie in Rom an. Zu dieser Zeit hat man in Mainz offensichtlich kaum Interesse an einer Heiligsprechung Hildegards. Allerdings soll nicht verschwiegen werden, daß sich im 13. Jahrhundert die Form eines Heiligsprechungsverfahrens noch im Stadium der Entwicklung befindet. Hildegard ist jedoch bis heute nicht offiziell heiliggesprochen.

> **Antependium**: lat. Vorhang, gemeint ist ein Vorhang für die Stirnseite des Altares.

Die Reformatoren sind es, die Hildegard zu ungeahnter Aktualität verhelfen und vor allem ihre Kritik an der sog. „Priester- und Papstkirche" zu nutzen wissen. Andreas Osiander verbreitet 1527 in Nürnberg eine Schrift *Sant Hildegardten weissagung uber die Papisten/und genanten geistlichen/wilcher erfullung zu unsern zeiten hat angefangen/und volzogen sol werden*. Wieder werden Hildegards Visionen zu Weissagungen, zu Vorhersagen von Zuständen, die ihre Rezipienten in der eigenen Gegenwart erkennen. In der Rezeption der folgenden drei Jahrhunderte findet sich Hildegard in der Gesellschaft allerlei merkwürdiger und gelehrter Frauenzimmer, sei es in medizinischer, sei es in literarischer, sei es in politischer Hinsicht.

> **Andreas Osiander**, 1496–1552, Priester und Theologe, Prediger an St. Lorenz in Nürnberg, trieb die Anliegen Martin Luthers in Nürnberg voran. Ihm verdankt Nürnberg die Entscheidung zur Reformation im Jahr 1525.

Hildegards Erbe in Bingen und Eibingen

Das Kloster auf dem Binger Rupertsberg existiert bis zur Zerstörung im 30jährigen Krieg. Hildegards Gebeine, deren Bestattungsort Theoderich in seiner *Vita* nur vage lokalisiert, kommen aus dem Besitz des Rupertsberges nach dessen Zerstörung in das zweite von Hildegard gegründete Kloster nach Eibingen. Dieses existiert knapp zwei Jahrhunderte länger als der Rupertsberg, es wird erst im Zuge der Säkularisation 1802 aufgehoben. Die heutige Eibinger Pfarrkirche, die nach der Aufhebung 1831 neu konsekriert wurde, geht auf die Klosterkirche zurück; hier hat Hildegard nach wie vor ihre letzte Ruhestätte gefunden. In den Jahren 1852–1857 werden ihre Überreste zum ersten mal wissenschaftlich untersucht: Der Eibinger Pfarrer Ludwig Schneider und ein Arzt aus Bingen identifizieren die noch vorhandenen sechzig Knochen u. a. als Wirbelsäule und Schädel einer Frau. Die Pfarrei Eibingen gehört inzwischen zum Bistum Limburg, dessen Bischof Peter Josef Blüm 1857 die Echtheit der Reliquien anerkennt.

Das 19. Jahrhundert ist auch die Zeit des aufkommenden Nationalbewußtseins und der katholischen Restauration. In diesem Kontext wächst das Interesse an Hildegard als Frau des deutschen Katholizismus und als rheinischer Seherin. Und als sich am 17. September 1929 der Todestag Hildegards zum 750. Male jährt, feiert man sie im ganzen Rheingau als „starke Eiche im deutschen Mutterboden am Rhein".

Zuvor ist in den Jahren 1900–1904 im Weinberg oberhalb Eibingens die neoromanische Abtei St. Hildegard entstanden, besiedelt von Benediktinerinnen aus Prag. Um diese Zeit entdeckt man nicht nur in Theologie und Kirche die Bedeutung von Bildern und Symbolen wieder, wovon die frühe *Liturgische Bewegung* Zeugnis gibt. Nicht zufällig fällt die seit langem erste ernsthafte Beschäftigung nicht nur mit der Gestalt, sondern auch mit dem ganzen Werk Hildegards und dessen bilderfreudiger Theologie in diese Zeit. Die

---

Liturgische Bewegung: Aufbruch zur Liturgie als Mitte der Kirche, zu Beginn des 20. Jhs. vor allem getragen von den Benediktinerabteien Beuron und Maria Laach, Bünden der kath. Jugend und Autoren wie Romano Guardini. Die Liturgische Bewegung ist eine wesentliche Quelle für das erneuerte Liturgieverständnis des Zweiten Vatikanischen Konzils.

WIRKUNGSGESCHICHTE

Benediktinerinnen in Eibingen fertigen in den 20er Jahren des 20. Jahrhunderts eine detailgetreue Kopie des reich illustrierten Rupertsberger Scivias-Codex' an. 1928 erscheint eine nicht vollständige, aber bis heute unübertroffene sprachgewaltige Übersetzung von *Scivias* durch die Eibinger Benediktinerin Maura Böckeler (8. Aufl. 1987), das Vorwort schreibt kein geringerer als Ildefons Herwegen.

Ildefons Herwegen, 1874–1946, seit 1913 Abt der Benediktinerabtei Maria Laach und als solcher Vertreter des monastischen Zweiges der *Liturgischen Bewegung*.

Die Römische Ritenkongregation erlaubt 1940 die Verehrung Hildegards als Heilige. Der Ernennung zur Kirchenlehrerin steht aber nach wie vor das Fehlen einer offiziellen Heiligsprechung im Wege.

Tendenzen im heutigen Umgang mit Hildegard und ihrem Werk

Als man 1979 mit einer großen Feier des 800. Todestages Hildegards gedenkt, geht die Hildegard-Forschung, von der man nun seit einigen Jahrzehnten sprechen kann, in ein neues Stadium. Mehr und mehr entstehen verläßliche Ausgaben der Werke Hildegards, die für die Drucklegung sämtliche vorhandenen Handschriften berücksichtigen.

Das Jubiläum von 1979 markiert aber gleichzeitig den Beginn einer immer verengteren Wahrnehmung der unter Hildegards Namen überlieferten Natur- und Heilkunde, verbunden mit einer immer unübersehbareren Vermarktung von Produkten einer sogenannten „Hildegard-Medizin". Sehnsüchte des zu Ende gehenden 20. Jahrhunderts bilden hier den Hintergrund: Die Rezeption Hildegards als kräuterkundige Naturheilerin wirft ein bezeichnendes Licht auf das Unbehagen vieler Menschen angesichts der Entwicklung der modernen Medizin.

Der Suche nach dem Ort der Frauen in Kirche und Theologie verdankt sich eine andere unsachgemäße Rezeption der Werke, vor allem aber der Gestalt Hildegards: Etliche moderne Darstellungen – übrigens auch von Männern verfaßte – tendieren in ihrem Hildegard-Bild zu einer frühen Frauenrechtlerin, die den Aufstand gegen die unterdrückende Männerkirche gewagt habe. Dabei hat die mittelalterliche Adelige Hildegard kaum die frauenfeindlichen Systeme ihrer Zeit revolutioniert, sondern es ganz im Gegenteil verstanden, patriarchale Strukturen zu ihren Gunsten arbeiten zu lassen.

Als dritte Engführung einer gegenwärtigen Hildegard-Rezeption muß schließlich die esoterische genannt werden, die nicht selten mit Elementen der sogenannten Hildegard-Medizin konform geht: Hildegard wird als Medium verstanden, das Zugang zu sonst verschlossenen, meist naturkundigen Geheimnissen hatte. Auch habe Hildegard in ihren Endzeit-Visionen heutige Kriege und Umweltkatastrophen vorausgesehen. In manchen Buchläden findet sich Literatur zu Hildegard von Bingen im selben Regal wie die Weissagungen eines Nostradamus.

Es scheint, daß sich seit Theoderich, Gebeno und Andreas Osiander wenig geändert hat: Jedes Jahrhundert bringt seine eigenen Bedürfnisse, Sehnsüchte und Ängste in die Beschäftigung mit Hildegard ein. Was man über Hildegard weiß, verdankt sich Darstellungen aus zweiter und dritter Hand. Ihr eigenes Werk aber liegt zu großen Teilen unerschlossen da.

II. Gott wird sichtbar in Schöpfung und Geschichte

Visionen im Dienst von Legitimation und Autorität

Daß ein Großteil der Werke Hildegards von Bildern berichtet, die sie durch die Gnade Gottes geschaut haben will, hat ihre Rezeption in der Moderne verzerrt. Vielen sich aufgeklärt wähnenden Menschen muß das Phänomen, daß jemand sagt, er habe Visionen von Gott empfangen o. dgl., geradezu pathologisch verdächtig vorkommen. Und so existieren vor allem im englischsprachigen Raum einige Versuche, Hildegards Visionen naturwissenschaftlich zu erklären: Da Hildegard ihre Bilder mehrfach auf ein Licht zurückführt, das wie ein Blitz vom Himmel auf sie herabgekommen sei, lautet die oft gelesene medizinische Diagnose, sie habe unter Migräne-Anfällen gelitten.

Visionen: lateinisch Schauungen vom Verb *videre* = sehen, schauen.

Neben diesem sehr rationalen Versuch, Hildegards Visionen zu verstehen, trifft man vielfältige Rezipienten, die gerade auf die irrationale Herkunft der Visionen bauen: Hildegard habe verborgene Geheimnisse über zukünftige Ereignisse geschaut – dieser Modus ist schon aus vergangenen Jahrhunderten bekannt, seit einigen Jahrzehnten aber findet er sich vor allem auf die unter Hildegards Namen überlieferte Natur- und Heilkunde ausgeweitet. Hildegard wird zur Vermittlerin verborgenen heilkundigen Wissens, sie habe Zugang zu geheimnisvollen Kräften in Pflanzen und Steinen gehabt, und eine nach ihr benannte „Hildegard-Medizin" sei göttlichen Ursprungs. Daher wagen es manche Zeitgenossen sogar, übernatürlich geoffenbarte Hildegard-Rezepturen als Alternative zum Arztbesuch zu empfehlen.

Verbalinspiration: die Vorstellung, die Bibel und alle in ihr enthaltenen Vorstellungen (wie z.B. die Scheibenförmigkeit der Erde) gingen wörtlich auf ein göttliches Diktat zurück.

Spätestens jetzt ist der Umgang mit Hildegards Visionen ein Fall für kirchliche Sektenbeauftrage, denn das hier zugrundeliegende Offenbarungsverständnis deckt sich nicht mehr mit dem der Kirche. Hildegards Heilkunde wird eine Offenbarungsqualität im Sinne einer *Verbalinspiration* zugeschrieben, die die Kirche nicht einmal für die Heilige Schrift postuliert. Im Umgang mit Visionen, Prophezeiungen und sonstigen Privatoffenbarungen ist die Kirche zurecht vorsichtig, gilt doch in ihrem Glaubensverständnis die Offenbarung mit Christus und der Heiligen Schrift, die ihn als das Wort Gottes bezeugt, als abgeschlossen. Es können nicht plötzlich neue Inhalte der Offenbarung auftauchen, die einem einzelnen Menschen exklusiv anvertraut werden – ganz gleich, ob es sich um Details des bevorstehenden Weltenendes oder um Gesundheitsratschläge handelt. Der heutige Umgang mit Hildegards Visionen widerspricht vielfach der hier skizzierten kirchlichen Grundhaltung, paradoxerweise findet er sich aber gerade auch im sog. kirchlichen Milieu.

Weder die pathologisch rationalen noch die irrationalen Verstehensweisen Hildegards werden dem eigentlichen *Sitz im Leben* von Visionen gerecht. Visionen sind in der Welt mittelalterlicher Menschen selbstverständlicher als heute, dieser in sich schlüssige Hintergrund soll im Folgenden aufgezeigt werden. Er kann uns heute helfen, angemessen und verantwortungsvoll mit diesem scheinbar schwierigen Phänomen umzugehen.

Sitz im Leben: Begriff aus der Bibelexegese, er meint sowohl die Entstehungssituation eines Textes als auch den Herkunftsrahmen einer literarischen Gattung.

Die unmittelbare Beauftragung durch Gott

Es fällt auf, daß Hildegard etliches geschrieben hat, wofür sie sich nicht auf ihre Visionen beruft. Liest man die unter ihrem Namen überlieferte Natur- und Heilkunde, ist dort von Visionen keine Rede. Auch in den Erklärungen der Sonn- und Feiertagsevangelien im Kirchenjahr, die Hildegard für ihren Konvent verfaßt hat, sucht man vergeblich nach Visionen. Visionen spielen bezeichnenderweise nur da eine Rolle, wo Hildegard ihren Amtsbereich als Klostervorsteherin verläßt: in ihren Briefen und in ihrer theologischen Trilogie, die nach ihrem Selbstverständnis der ganzen Weltkirche zugedacht ist. Das Auslegen der Heiligen Schrift für ihre Nonnen bildet eine der Aufgaben Hildegards als Äbtissin. Wo sie aber diesen Aufgabenbereich verläßt, fehlt ihr jegliche Legitimation, denn daß eine Frau der ganzen Kirche den Willen Gottes verkündigt, ist im Neuen Testament – oder zumindest wie man zu Hildegards Zeit damit umgeht – kaum vorgesehen: „Eine Frau soll sich still und in aller Unterordnung belehren lassen. Daß eine Frau lehrt, erlaube ich nicht …" (1 Tim 2,11 f.).

Hildegards Formulierungen lassen erkennen, daß sie sehr wohl weiß, wie ungeheuerlich ihr Anspruch ist, angesichts solcher Bibelstellen theologische Bücher zu veröffentlichen. Erstaunlich oft machen sowohl sie selbst als auch ihre Korrespondenzpartner Hildegards Frausein zum Thema, und immer ist es inhaltlich mit einem Mangel verbunden – sprachlich oft ausgedrückt mit einem *Nur* oder einem *Obwohl*. Schon der Brief, mit dem die noch unbekannte Hildegard den großen Bernhard von Clairvaux zu Beginn ihres Wirkens um Rat fragt, ist voll von solchen geschlechtsspezifischen Minderwertigkeitsbekundungen, Hildegard kennzeichnet sich als „erbärmlich und mehr als erbärmlich in meinem Sein als Frau" (Briefwechsel, S. 25), ja sie geht sogar so weit, diesmal offensichtlich bewußt die Regeln der Grammatik zu ignorieren und sich als *homo indocta,* als „Mensch, die ungebildet ist" zu bezeichnen (ebd. S. 26, die deutsche Übersetzung glättet leider in „ein Mensch, der …").

Der Brief, mit dem sie Papst Eugen III. auf der Trierer Synode um die Anerkennung von *Scivias* bittet, enthält in dieser Hinsicht aufschlußreiche Passagen: Hildegard beklagt die mangelnde Anerkennung ihrer Schrift, „denn viele irdisch gesinnte Kluge verwerfen sie in der Unbeständigkeit ihres Geistes, weil sie von einem armen Gebilde stammt, das aus der Rippe erbaut und nicht von Philosophen belehrt worden ist. Du also, Vater der Pilger, höre den, der IST: Ein mächtiger König thronte in seinem Palast. Hohe Säulen standen vor ihm, mit goldenem Schmuckwerk umwunden und mit vielen Perlen und kostbaren Steinen herrlich geziert. Dem König aber gefiel es, eine kleine Feder zu berühren, daß sie in Wundern emporfliege. Und ein starker Wind trug sie, damit sie nicht sinke" (Briefwechsel, S. 30 f.).

Zunächst gibt Hildegard hier die gängige Meinung ihrer männlichen Theologie treibenden Zeitgenossen wieder: Die Frau sei ja erst an zweiter Stelle aus der Rippe Adams geschaffen, zudem ohne Ausbildung in den freien Künsten. Dann aber folgt ein sehr vielschichtiges Gleichnis, mit dem Hildegard das *Obwohl* ihres Anspruchs veranschaulicht. Am leichtesten fällt die Identifikation der kleinen Feder, mit der sie sich selbst beschreibt: zart und unscheinbar, verletzlich und im doppelten Wortsinn ohne Gewicht – ganz im Gegensatz zu den offenbar wichtigen und reichen Säulen. Im Lateinischen ist nicht allgemein von Schmuckwerk, sondern ganz konkret von *cingula,* von Gürteln, die Rede, und spätestens diese Doppeldeutigkeit legt nahe, auch bei den Säulen an Personen zu denken: vielleicht an einflußreiche Fürstbischöfe? Denn *cingulum* bezeichnet bis heute auch einen liturgischen Gürtel, und auch an Gold und Edelsteinen dürfte bei dieser Personengruppe kein Mangel herrschen. Auf einer ersten Ebene ist der König Gott, der eine unscheinbare Frau zu seiner Prophetin beruft. Auf einer zweiten Ebene ermöglicht das Bild vom König aber auch dem Papst, sich selber angesprochen zu fühlen: Hildegard hofft auf seine Unterstützung, mit der er seinerseits die göttliche Berufung und Unterstützung fortführen soll. Das Bild vom Thronsaal könnte zudem auf die in Trier stattfindende Synode verweisen, auch hier sind – im doppelten Wortsinn – *Säulen* der Kirche versammelt.

Mit der angedeuteten Vielschichtigkeit ist dieses Gleichnis von wenigen Zeilen ein frühes Meisterwerk, mit dem die Autorin sich selbst, ihren prophetischen Anspruch, die sog. „Amtskirche" und beider Verhältnis zueinander charakterisiert. Denn das Bild der kleinen Feder enthält keinesfalls nur Demütiges, auf den zweiten Blick offenbart es einen ungeheuerlichen Anspruch: Im Gegensatz zu den reichen und mächtigen Säulen verfügt die Feder über ein Höchstmaß an Dynamik und Flexibilität, die sie der Unmittelbarkeit in ihrem Verhältnis zum König verdankt. In den Bildern von Feder und Säulen wird die Spannung von Charisma und Amt deutlich. Mit demselben Gleichnis aber drückt Hildegard ihren Wunsch aus, daß diese

Spannung nicht in ein Gegeneinander mündet: Die Säulen in ihrem Bild stürzen nicht ein, an ihrer tragenden Funktion wird nicht gerüttelt. Dazu paßt Hildegards ganzes Ansinnen, ist ihr doch viel an einer lehramtlichen Anerkennung gelegen.

Was hat dieses Gleichnis – außer daß es Hildegards Genialiät im Umgang mit sprachlichen Bildern unter Beweis stellt – mit ihren Visionen zu tun? Der Akzent im Wirken der kleinen Feder liegt auf der Unmittelbarkeit ihrer Berührung durch den König: Gott hat Hildegard direkt, ohne daß sie dafür ein offizielles Amt in der Kirche hätte, zur Prophetin berufen, die seinen Willen verkündet. Die Funktion der unmittelbaren Berührung in diesem kurzen Gleichnis übernehmen in Hildegards Büchern und Briefen die Visionen und Auditionen: Gott läßt Hildegard unmittelbar sehen und hören, was er der ganzen Kirche zugedacht hat. Die Bilder, mit denen Hildegard die Mißstände in der Kirche anprangert, sind ihr unmittelbar von Gott gezeigt worden, mit ihnen legitimiert Gott seine Prophetin. Nicht Hildegard weist Kaiser und Bischöfe zurecht, sondern die göttliche Stimme. Hildegard ist immer nur Sprachrohr, nur Instrument, nur unscheinbare kleine Feder. Visionen sind im mittelalterlichen Kontext immer auch ein Machtinstrument, denn sie schenken göttliche Autorität und Legitimation. Hildegards Wirken verstößt nicht gegen das zitierte Lehrverbot für die Frauen aus dem Neuen Testament, denn es lehrt nicht Hildegard, sondern durch sie Gott. Es fällt auf, daß unter denen, die im Mittelalter von Visionen schreiben, erstaunlich viele Frauen sind.

Göttliche Macht und menschliche Ohnmacht

Eine gottgewirkte visionäre Begnadung wissen Hildegards Zeitgenossen zu schätzen, aber die Frage bleibt, warum Gott diese Gnade ausgerechnet einer Frau zukommen läßt. Die *Vita* berichtet von entsprechenden Männergesprächen: „Was soll das, daß dieser dummen und ungelehrten Frau so viele Geheimnisse offenbart werden, wo es doch viele starke und weise Männer gibt?" (Vita, S. 137).

VISIONEN

Die göttliche Stimme in Hildegards Werken nimmt erstaunlich oft Bezug auf dieses Thema und erklärt, daß gerade mit der Beauftragung einer Frau Gott die Mächtigen ihrer Zeit beschämen will. An keiner Stelle in ihrem Werk geht es Hildegard darum, in Frage zu stellen, daß einflußreiche Positionen von Männern besetzt sind. Der Gedanke, daß Frauen grundsätzlich in Kirche und Gesellschaft etwas zu sagen hätten, scheint ihr fremd zu sein. Die Ausnahme, die Gott mit ihrer eigenen Berufung macht, ergibt sich daraus, daß die mächtigen Männer ihrer Zeit versagt haben. Gott hat im Laufe der Heilsgeschichte ja schon öfter zu solchen ungewöhnlichen Demonstrationen seiner Macht gegriffen, so im kleinen David, der den großen Goliath besiegte, und in Judith, die Holofernes den Kopf abschlug (Scivias, S. 612). Beide bemüht Hildegard als Vorbilder für ihr Auftreten.

Immer wieder aber führt sie vor allem eine Bibelstelle an, die geeignet ist, die von ihren Zeitgenossen offensichtlich als Skandal empfundene Berufung einer Frau vor dem theologischen Hintergrund eines viel größeren Skandals einzuordnen. Paulus spricht im ersten Korintherbrief vom Skandal des Kreuzes, in dem Gott alle menschlichen Maßstäbe umwertet: „Es heißt in der Schrift: ich lasse die Weisheit der Weisen vergehen und die Klugheit der Klugen verschwinden (…). Seht doch auf eure Berufung, Brüder! Da sind nicht viele Weise im irdischen Sinn, nicht viele Mächtige, nicht viele Vornehme, sondern das Törichte in der Welt hat Gott erwählt, um die Weisen zuschanden zu machen und das Schwache in der Welt hat Gott erwählt, um das Starke zuschanden zu machen. Und das Niedrige in der Welt und das Verachtete hat Gott erwählt …" (1 Kor 1,19.26–28). Wie Hildegard entdecken auch andere schreibende Frauen im Mittelalter diese Bibelstelle für sich. Sie alle bestehen darauf, *nur Frauen* und als solche töricht und schwach zu sein. Aber diese menschliche Minderwertigkeit ist von gnadentheologischer Relevanz. Visionen vermitteln göttlich legitimierte Autorität, aber diese göttliche Macht ist notwendig an menschliche Ohnmacht gebunden.

CLAUDIA ELIASS, *Die Frau ist die Quelle der Weisheit. Weibliches Selbstverständnis in der Frauenmystik des 12. und 13. Jahrhunderts*, 1995.

In diesem Zusammenhang ist Hildegards wiederholte Selbstbezeichnung als *paupercula feminea forma*, als arme kleine weibliche Gestalt, zu lesen, die sich durch alle ihre Werke zieht. Der Aufweis des Zusammenhangs von weiblicher bzw. menschlicher Schwäche und göttlicher Macht wird nicht nur von Hildegard, sondern auch von anderen mittelalterlichen Autorinnen bereichert um den Aspekt der krankhaften Konstitution. Dabei spielen die Krankheiten, von denen sowohl *Vita* als auch Hildegard berichten, eine ambivalente Rolle: Einerseits sind sie die Folge, wenn Hildegard sich weigert, einen göttlichen Auftrag in die Tat umzusetzen, andererseits sind sie aber auch die Bedingung für die Gnade, einen göttlichen Auftrag zu erhalten. Denn gerade sie machen glaubwürdig, daß hier wirklich Gott am Werk ist und nicht ein Mensch. Insofern sind auch die Krankheiten Hildegards göttlichen Ursprungs und Beweis der besonderen Aufgabe, die er ihr zugedacht hat: Hildegard „hat ihre leibliche Struktur von der Luft, weshalb ihr auch aus der Luft, vom Regen, vom Wind und jeder Witterung die Krankheit so eingeprägt ist, daß sie in keiner Weise eine körperliche Sicherheit in sich haben kann. Anders könnte die Inspiration des Heiligen Geistes nicht in ihr wohnen" (Wirken Gottes, S. 461).

Von Gott schon vor ihrer Geburt zur Prophetin bestimmt

Die Krankheiten prägen Hildegards Leben seit ihrer Kindheit, gleiches gilt für ihre visionäre Begnadung. Auch diese Nachricht, die sowohl *Vita* als auch Hildegard selber übermitteln, ist verwoben mit dem Bemühen, Gottes Wirken in Hildegard glaubwürdig darzustellen. Zu Beginn von Scivias schildert Hildegard ihr Berufungserlebnis im 43. Lebensjahr, aber immer wieder betont sie, daß Gott sie schon im Mutterleib zur Prophetin auserwählt habe. Im Hintergrund dieser Nachricht verbirgt sich wiederum ein biblisches Motiv, werden doch bedeutende Propheten der Bibel ebenfalls schon vor ihrer Geburt von Gott erwählt: vor allem Jeremia (Jer 1,5) und Jesaja

(Jes 49,1), nach diesen alttestamentlichen Vorbildern gestaltet auch Paulus sein Selbstverständnis als Apostel (Gal 1,15).

Außerdem reflektiert Hildegard offensichtlich die Entscheidung ihrer Eltern, die Tochter als Zehntgabe Gott auf dem Disibodenberg zu weihen. Gott entscheidet sich nicht erst für Hildegard, als sie mit Anfang vierzig zu wirken beginnt, sondern der Weg dorthin ist seit ihren ersten Anfängen vorherbestimmt. Auch hinter der Entscheidung der Eltern zur Oblation Hildegards steht der göttliche Ratschluß – ein Gedanke, der der Benediktinerin Hildegard vor allem auch aus dem regelmäßigen Psalmgebet vertraut ist: „Als ich geformt wurde im Dunkeln, kunstvoll gewirkt in den Tiefen der Erde, waren meine Glieder dir nicht verborgen. Deine Augen sahen, wie ich entstand, in deinem Buch war schon alles verzeichnet; meine Tage waren schon gebildet, als noch keiner von ihnen da war" (Ps 139,15f.).

Kunstvolle Deutung der Heiligen Schrift

Propheten und Prophetinnen, die in der Berufung auf Visionen mit göttlicher Legitimation und Autorität auftreten, gibt es viele. Nicht selten entstehen Sekten aus ihren Bewegungen. Die Frage drängt sich auf: Gibt es einen Unterschied zwischen Hildegard und einer Sektenprophetin oder einem esoterischen Medium? Hier kann nur der Blick auf den Inhalt ihrer Visionen weiterhelfen.

Bibelauslegung in der Form der Allegorese

Wer sich der Mühe unterzieht, Hildegards große Visionswerke wirklich ganz zu lesen, wird bei allem Mittelalterlichen und Fremden, das ihm da begegnet, feststellen müssen, daß der Inhalt so neu eigentlich gar nicht ist. Der Inhalt ist im Grunde aus den beiden Testamenten der Bibel und aus der Tradition der Kirche bestens bekannt. Die Visionen Hildegards behandeln zum Beispiel die Schöpfung, den Sündenfall, die Kirche, das Himmlische Jerusalem und immer wieder den Menschen, der sich in diesem heilsgeschichtlichen Rahmen zwischen Tugenden und Lastern, zwischen Gut und Böse entscheiden darf. Hildegard kennzeichnet im Vorwort zu ihrem Erstlingswerk *Scivias* den Inhalt der Visionen mit einem vielsagenden Ausdruck, wenn sie schreibt: „Und plötzlich erhielt ich Einsicht in die Schriftauslegung, in den Psalter, die Evangelien und die übrigen katholischen Bücher des Alten und Neuen Testaments" (Scivias, S. 5). Das deutsche Wort *Einsicht* steht hier für das originale *intellectus*. Damit ist im Mittellateinischen ein inneres Verstehen gemeint, Thomas von Aquin wird im Jahrhundert nach Hildegard die Bedeutung des auch für

Thomas von Aquin, 1225–1274, bedeutendster scholastischer Systematiker des Mittelalters. Geniale Verbindung der Lehre der Kirchenväter, v.a. Augustinus', mit der zu seiner Zeit im lateinischen Westen neu entdeckten Philosophie des Aristoteles. Vgl. DAVID BERGER, *Thomas von Aquin begegnen*, 2002.

die Scholastik so wesentlichen Begriffs *intellectus* auf ein *intus legere*, ein *im Innern Lesen* zurückführen.
Darum geht es Hildegard: Durch Gottes Gnade versteht sie nicht nur den äußeren Wortsinn, sondern wirklich den inneren Gehalt und die Bedeutung der Heiligen Schrift. Hildegards Visionen machen ohne den Rückbezug auf die Bibel keinen Sinn, ihre visionären Erfahrungen wurzeln in dem, was ihren Alltag als Benediktinerin ausmacht: im Umgang mit der Heiligen Schrift. Ihrer inneren Einsicht erschließt sich der Sinn der Schrift, mit dem Gott sowohl sie persönlich als auch ihre Zeitgenossen treffen will.
Es fällt auf, daß die Schilderung der Visionen Hildegards immer in zwei Schritten geschieht: Zunächst wird Detail für Detail ein Bild beschrieben, das Hildegard in ihrem Innern geschaut habe. In einem zweiten Schritt hört Hildegard die göttliche Stimme, die dieses Bild Detail für Detail von der Bild- in die Sachhälfte überführt. Jedes Element der Bildhälfte entspricht einer Aussage auf der Sachhälfte. Diese Methode ist unter dem Namen *Allegorese* aus der spätantiken und patristischen Bibelexegese bekannt. Nicht nur in inhaltlicher Hinsicht also geht es in Hildegards Visionswerken um eine Deutung der Schrift, sondern auch die Gestaltung ist ganz auf Schriftauslegung hingeordnet. *Vision und Audition* bilden dabei die *Bild- und die Sachhälfte*, in der Hildegards Deutung der biblischen Botschaft geschieht. Visionen und Auditionen sind daher nicht einfach Erfahrungsberichte, sondern immer auch eine literarische Gattung, in der Hildegard schreibt.

> **Allegorese:** griechisch = „Anderssagen", gleichnishafte Ausdrucksweise, in der jedes Detail in eine Sachaussage überführt wird. Bereits biblisch, v.a. Sämann-Gleichnis (Mk 4,3–20).

> **Audition:** vom lat. Verb *audire* = hören, das, was auf die Mitteilung einer (göttliche) Stimme zurückgeht, oft in Ergänzung zur Vision.

Hildegard unterbricht immer wieder dieses zweigliedrige Schema der Allegorese, um einzelne Bibelverse zu erklären und damit ihre *Bildertheologie* zu untermauern. Auch fügt sie ganz aktuelle kirchenrechtliche oder pastorale Fragestellungen in ihre Deutung der Schrift ein: zum Beispiel die Frage, ob der Priester bei der Feier der Eucharistie Wein und Wasser mischen soll – Hildegard meint Ja und begründet diese Antwort mit der zweifachen Natur Christi als wahrer Gott und wahrer Mensch

(Scivias, S. 243). Oder die bis ins 12. Jahrhundert von Theologen oft verneinte Frage, ob eine Frau während ihrer Menstruation die Kommunion empfangen darf – Hildegard meint Ja, da die Frau gerade in dieser Zeit „das wirksame Heilmittel der Barmherzigkeit" erfahren soll (Scivias, S. 28). Oder die offensichtlich auch schon im Mittelalter gestellte Frage, ob eine Frau zur Priesterweihe zugelassen werden kann – Hildegard meint Nein, da die Frau „ein schwaches und gebrechliches Gefäß" sei (Scivias, S. 271). Allerdings ist die Jungfrau auf die Priesterweihe überhaupt nicht angewiesen, hat sie doch direkten Zugriff auf ihren Bräutigam und in ihm „das Priestertum und jeden Altardienst und besitzt all seinen Reichtum mit ihm" (ebd.).

Die Art der Visionen und Auditionen: „nicht mit den äußeren Sinnen"

In vielen Formulierungen kreist Hildegards Selbstverständnis um die mit der Rede von einer inneren Einsicht aufscheinende Polarität von innen und außen. Wenn sie immer wieder betont, daß ihr jede äußere Ausbildung fehlt, wird um so plausibler, daß Gott selbst sie in ihrem Innern beschenkt hat mit der Einsicht dessen, was er mit seiner Heiligen Schrift zu ihrer Zeit sagen will. Gott greift zu Hildegard, weil diejenigen, denen eigentlich das Auslegen der Schrift zukäme, die Bischöfe und sonstigen Kleriker, zu sehr mit Äußerlichem beschäftigt sind: mit dem Sammeln von finanziellen Reichtümern und einflußreichen Positionen.

Hildegard ist vertraut mit der Vorstellung der inneren und äußeren Sinne, die die spirituellen Meister der alten Kirche, vor allem Origenes, entwickelt haben: Der Mensch verfügt gleichsam über ein doppeltes Wahrnehmungs- und Erkenntnisvermögen. Er kann die äußere Welt sehen und hören, riechen, schmecken und fühlen, aber weit darüber hinaus kann er auch in seinem Innern Wahrheiten sehen und hören, riechen und schmecken und

Origenes, um 185–253/54, Seelsorger und Theologe in Alexandrien (Palästina). Wirkte nachhaltig auch

DER INHALT DER VISIONEN

fühlen. Diese inneren Sinne sind auf das Finden Gottes im Innern des Menschen hingeordnet, hier kann der Mensch auch erkennen, was Gott von ihm will. Dieser alten Tradition entsprechend legt Hildegard Wert darauf, daß die Einsicht, die Gott ihr schenkt, sich nicht ihren äußeren Sinnen erschließt. Dieses Thema durchzieht ihre gesamte Trilogie und ihren Briefwechsel, überall finden sich Formulierungen, die von den inneren Augen und Ohren sprechen, mit denen Hildegard Gott und seinem Willen begegnet. Auch distanziert sie sich von Träumen und ekstatischen Zuständen, wie sie zum Beispiel die Visionen ihrer jüngeren Zeitgenossin Elisabeth von Schönau begleiten:

auf Mönchtum und Theologie im Westen. In seiner Bibelauslegung unterschied er *drei* verschiedene *Schriftsinne* (vgl. S. 87) und vertrat einen Vorrang der geistigen Bedeutung der Schrift. Die Vorstellung der inneren Sinne des Menschen findet sich in seiner Erklärung zum Hohenlied.

„Ich sehe aber diese Dinge nicht mit den äußeren Augen und höre sie nicht mit den äußeren Ohren, auch nehme ich sie nicht mit den Gedanken meines Herzens wahr noch durch irgendwelche Vermittlung meiner fünf Sinne. Ich sehe sie vielmehr einzig in meiner Seele, mit offenen leiblichen Augen, so daß ich dabei niemals die Bewußtlosigkeit einer Ekstase erleide, sondern wachend schaue ich dies, bei Tag und Nacht" (Briefwechsel, S. 227). Wenn man in Darstellungen sog. „Hildegard-Medizin" liest, Hildegard habe eine Art himmlischen Fernsehapparates vor Augen gehabt, auf den u. a. ihre göttlichen Rezepturen zurückgeführt werden, weiß man nicht, ob man angesichts dieses groben Mißverständnisses lachen oder weinen soll ...

Wie kann man innere Einsichten ausdrücken? Sprachlich macht Hildegard immer wieder deutlich, daß die von ihr beschriebenen Bilder nicht deckungsgleich sind mit ihren Erfahrungen. Nie heißt es „Ich sah", sondern immer „Ich sah so ungefähr so etwas wie ...". Die deutschen Übersetzungen gehen leider oft an diesen sehr umständlich wirkenden Formulierungen vorbei, die aber doch ganz Wesentliches ausdrücken wollen: daß Hildegards Beschreibungen ihrer Visionen keine genauen Protokolle ihrer inneren Erfahrung sind, daß auch die reichste Bildersprache ungenügend bleibt, wenn es darum geht, die Begegnung mit Gott und seinem Wort in menschliche Worte zu fassen.

Der Hintergrund: Gottesbilder und Gottesrede der Bibel

Mit dieser Spannung zwischen der Unaussprechbarkeit Gottes einerseits und dem Reden von ihm in immer neuen Bildern andererseits bewegt sich Hildegard in einem Rahmen, der schon in der Bibel selber zum Thema gemacht wird. Das Projekt ihrer visionären Theologie wurzelt ganz und gar in biblischen Gottesbildern und biblischer Rede von Gott.

Hildegard geht davon aus, daß Gott gut und schön ist – so gut und schön, daß er seine Herrlichkeit nicht für sich behalten, sondern mitteilen will. Das geschieht in der Schöpfung: Sie entsteht – so heißt es im ersten Kapitel der Bibel, in der priesterschriftlichen Schöpfungserzählung (Gen 1) – durch Gottes Wort. Gott selber äußert sich also in seiner Schöpfung, die Schöpfung wiederum weißt auf Gott hin und erzählt von ihrem Schöpfer (vgl. Ps 19). Hier liegt der Grund dafür, daß der Mensch in Bildern der Schöpfung von Gott reden darf, auch wenn Gott immer größer bleibt als alle diese Bilder. Aber diese Bilder gehen ja auf Gott zurück, der sich in der Schöpfung selber ein Stück abbildet.

Im ersten Kapitel des Johannesevangeliums wird berichtet, wie das Wort, das Gott ist und aus dem alles Geschöpfliche hervorgegangen ist, Fleisch wird. Es ist kein Zufall, daß der Johannesprolog diejenige Bibelstelle ist, auf die Hildegard in ihrem Gesamtwerk am meisten zurückkommt, liegt doch hier der Schlüssel sowohl zu ihrem Selbstverständnis als auch zur Mitte ihrer Theologie. Auch Gott ist einer, der redet – und zwar so, daß seine Geschöpfe ihn verstehen können. Er spricht in der Schöpfung zu ihnen und wird selber auch noch Geschöpf, so daß der Mensch seine Herrlichkeit sehen kann (Joh 1,14). Oder wie es im Kolosserbrief heißt, mit dem Hildegard ebenfalls vertraut ist: Er – gemeint ist Christus - ist das Ebenbild des unsichtbaren Gottes (Kol 1,15).

Hier findet sich die theologische Basis für Hildegards Visionen und Auditionen, die nichts anderes sind als Begegnungen mit dem Wort Gottes, das sichtbar wird. In Umwandlung der berühmten Formulierung „Und das Wort ist Fleisch geworden" (Joh 1,14) könnte man für Hildegard sagen: *Und das Wort ist Bild geworden* und ihr gesamtes Werk in dem einen Satz zusammenfassen: *Gott wird sichtbar.* Ihr Erstlingswerk *Scivias* behandelt das Sichtbarwerden Gottes im Verlauf der Heilsgeschichte von der Schöpfung bis zur Vollendung der Welt. Im *Liber Vitae Meritorum,* dem Buch der Lebensverdienste, geht es um das Sichtbarwerden Gottes in den vielfältigen Entscheidungssituationen des Menschen. Der *Liber Divinorum Operum,* das Buch der göttlichen Werke schließlich beschreibt das Sichtbarwerden Gottes im Kosmos. Die Melodien der Gesänge Hildegards, die ihrem Selbstverständnis nach ebenfalls auf göttliche Offenbarung zurückgehen, wollen etwas von Gottes Schönheit hörbar machen. Und auch das unter ihrem Namen überlieferte natur- und heilkundige Werk fällt nicht aus diesem Rahmen, ist doch die Natur nicht einfach Natur, sondern Schöpfung und als solche voll vom sichtbaren Heilswillen des großen göttlichen Arztes.

Licht und Schatten

Mit diesem ihrem „Lieblingsthema" vom Sichtbarwerden des Wortes steht Hildegard nicht isoliert in der theologischen und literarischen Landschaft ihrer Zeit. Etliche Autoren des 12. Jahrhunderts reflektieren in ihren Werken ebenfalls das Verhältnis von Gott als Urbild und der Schöpfung als Abbild, und auch Hildegards Interesse an der Heilsgeschichte als Ort des Sichtbarwerdens Gottes ist ein beliebtes Thema in ihren Werken. Das Besondere am Schaffen Hildegards liegt wohl darin, daß sie wie kein anderer diese mehr abstrakten theologischen Überlegungen ganz anschaulich in Bildern beschreibt.
Aufschlußreich in dieser Hinsicht ist eine Vision aus ihrem Alterswerk: Hier schaut Hildegard drei allegorische Frauengestalten, die Züge der Dreieinigkeit tragen: Zwei, Liebe und Demut, stehen innerhalb eines Lichtquells, eine, der Friede, an dessen Rand. Hildegard deutet die drei und ihre Stellung auf

verschiedene Funktionen bei Schöpfung und Inkarnation: Während der Friede im Himmel bleibt, begeben sich Demut und Liebe in der Menschwerdung Gottes zur Erde. Der Friede entspricht also der in sich ruhenden Ewigkeit Gottes, der trotz Schöpfung unverändert bleibt und über alle Schöpfung hinausgeht. Die Gestalt des Friedens ist ein Bild für das, was in der Theologie bis heute *Transzendenz* heißt. Aber das ist nur eine Seite Gottes. Die zwei dynamischen Seiten der Dreieinigkeit, Sohn und Geist, veranschaulicht in den Gestalten Demut und Liebe, wagen den Abstieg in die *Immanenz*, d. h. die Einwohnung Gottes in der Schöpfung. Diese sieht Hildegard als Schatten, der im himmlischen Lichtquell seinen Ursprung hat. Hildegard läßt die Liebe in einem langen Monolog zu Wort kommen, in ihrer Selbstdarstellung erklärt sie, daß sie der Ursprung ist für Gottes Selbstmitteilung in der Schöpfung, in der Inkarnation, in den beiden Testamenten der Bibel und schließlich im Wirken Hildegards. Auch Hildegard selbst reiht sich also in dieses Projekt der Selbstmitteilung Gottes ein, ihre Visionen wurzeln wie die ganze Heilsgeschichte im göttlichen Ratschluß und sind irdische Schatten eines göttlichen Lichtquells (Wirken Gottes, S. 373–376). Auch in Hildegards Briefwechsel findet sich die Vorstellung, ihre Visionen gingen auf ein Licht zurück, das seinerseits aber wieder nur Schatten des lebendigen, göttlichen Lichtes sei (Briefwechsel, S. 227).

Mit diesen sprachlichen Bildern bemüht Hildegard eine Vorstellung, die im 12. Jahrhundert weit verbreitet ist und im weitesten Sinne auf Platon und seine Interpretation durch Plotin (siehe Randnote S. 102) zurückgeht. Schon die Kirchenväter griffen auf die Vorstellung zurück, unsere Welt bestehe aus lauter Schatten, das Göttliche dagegen beschrieben sie als Licht und Sonne, als Idee und Ideal des Guten und Schönen. Die Schatten unserer Welt seien Abbilder, die sie auf göttliche Urbilder zurückführten. Ein syrischer Mystiker des sechsten Jahrhunderts, der unter dem Pseu-

Platon, 428/27–348/47 v. Chr., griechischer Philosoph. Seine Vorstellung, es gebe eine Realität unabänderlicher Wesenheiten bzw. Ideen, veranschaulichte er u.a. im berühmten Höhlengleichnis, in dem er in der Sonne die Idee des Guten beschrieb, die Wahrnehmung der Menschen jedoch mit Gefangenen in einer Höhle verglich, die nur Schatten von Gegenständen an den Höhlenwänden wahrnehmen und diese für die Wahrheit halten.

donym Dionysius bekannt ist, beschrieb den Aufstiegsweg des Menschen über die schattenhafte Welt der (Ab-)Bilder und Symbole bis hin zur Vereinigung mit dem Göttlichen selbst, das alles Licht und Dunkel übersteigt. Dem lateinischen Westen wurde dieses griechische Denken vermittelt durch Eriugena.
Der Ire Johannes Scotus Eriugena wirkte im 9. Jahrhundert an der Hofschule des westfränkischen Königs, Karls des Kahlen in Laon. Hier übersetzte er mehrere griechische Kirchenväter und die Schriften des Dionysius ins Lateinische, auch schrieb er Kommentare zu den Werken des Dionysius. Als seine wichtigste eigene Schrift gilt *Periphyseon*, ein Dialog zwischen Lehrer und Schüler, das der Auslegung von Genesis, Kapitel 1–3 dient.
So sorgte also ein irischer Theologe dafür, daß auch die lateinisch denkende Christenheit mit griechischen neuplatonischen Vorstellungen in Berührung kam. Eine literarische Abhängigkeit von allen diesen Autoren läßt sich an keiner Stelle in Hildegards Werk ausmachen. Wohl aber kann nicht übersehen werden, daß ihr dieses Denken bekannt ist. Das wiederum dürfte an Hildegards Vertrautheit mit Kirchenvätern und sonstigen Schriftstellern des geistlichen Lebens liegen, die ihren Klosteralltag begleiten und nähren.

> **Dionysius (Pseud-)Areopagita** prägt den Begriff einer *symbolischen Theologie*, in der es möglich ist, mit Bildern und Symbolen von Gott zu reden, da alles in der Schöpfung auf den Schöpfer hinweist. Da geschöpfliche Bilder und Symbole Gott nicht gerecht werden, spricht er von einer *negativen Theologie*, die die Unangemessenheit und Unmöglichkeit menschlichen Redens von Gott meint. Die *mystische Theologie* schließlich kreist um das Ziel der Vereinigung mit Gott, das jenseits des Redens und des Nichtredens von ihm liegt und ein Geschenk der Gnade Gottes ist.

Monastische Theologie

Bisher war ganz selbstverständlich von einer *Theologie* Hildegards die Rede, ohne daß diese Bezeichnung genauer ausgeführt wurde. Theologiegeschichtliche Darstellungen des Mittelalters gehen meistens an Hildegard, die offensichtlich nicht als Theologin wahrgenommen wird, vorüber, auch in zahlreichen Nachschlagewerken wird ihr kaum das Tätigkeitsmerkmal *Theologin* zugestanden. Erst in der Hildegard-Forschung der letzten Jahre setzt sich zunehmend die Rede von einer *Theologie* Hildegards durch. Dieser Wandel ist bezeichnend und hängt mit einem grundsätzlichen Wandel in der Wahrnehmung mittelalterlicher Theologie zusammen.

Mittelalterliche Theologie ist gerade in der katholischen Rezeption seit dem 19. Jahrhundert verbunden mit dem großen Namen Thomas von Aquin und überhaupt der scholastischen Art und Weise, Theologie zu treiben. Nichtscholastische Autoren des Mittelalters wurden lange als irgendwie nicht ganz vollwertige Theologen wahrgenommen. Dabei gibt es eine Vielzahl von Autoren, die in Predigten und Briefen, vor allem aber in Kommentaren zur Heiligen Schrift theologische Themen diskutierten. Lange aber rezipierte man ihr Wirken lediglich unter dem Oberbegriff *Geistliches Schrifttum.* Das ist nicht falsch, aber auch nicht ganz richtig, wenn es denn als Gegenbegriff zu *Theologie* gemeint ist.

> **Scholastik,** ungenaue Bezeichnung für eine an Bibel, Kirchenvätern und Aristoteles anknüpfende Theologie bzw. Philosophie. Einen guten Einstieg bietet: JOSEF PIEPER, *Scholastik. Gestalten und Probleme der mittelalterlichen Philosophie,* 1986.

Denn ebenso wie ihre scholastischen Zeitgenossen nahmen sie Stellung zu dogmatischen und kirchenrechtlichen Fragen ihrer Zeit.

Der große Kenner Bernhards von Clairvaux, Jean Leclercq, prägte nach dem Zweiten Weltkrieg den Begriff einer *théologie monastique,* einer *monastischen Theologie,* der sich als äußerst hilfreich für den Umgang mit verschiedenen mittelalterlichen Autoren erwies. Nach Leclercq existierten vom 7. bis zum 12. Jahrhundert *zwei Typen* von Theologie, die sich hinsichtlich ihrer Quellen, Gegenstände und Methoden, vor allem aber aufgrund ihres *Sitzes im Leben* unterscheiden. Der Ort der scholastischen Theologie ist die Schule in der Stadt, hier werden Säkularkleriker in den Bereichen Katechese und Kirchenrecht, auch Predigt und Seelsorge ausgebildet. Die Methode dieser umfassenden Ausbildung ist die Disputation, in der alle Argumente für und wider abgewogen werden, um zu plausiblen Ergebnissen zu gelangen.

> **Jean Leclercq,** 1911–1993, Benediktiner der Abtei Clervaux in Luxemburg, lehrte an mehreren Universitäten, erforschte vor allem die Werke Bernhards von Clairvaux und setzte sich für eine Erneuerung des Mönchtums ein.

Viele Fragen, die die zukünftigen Kleriker angehen, beschäftigen auch die Mönche und Nonnen in den Klöstern, aber ihre

DER INHALT DER VISIONEN

Auseinandersetzung damit hat einen ganz anderen Hintergrund: Sie erwächst aus der Beschäftigung mit der Heiligen Schrift, aus der Lektüre geistlicher Autoren und aus der Feier der Liturgie. Die nicht nur intellektuelle, sondern existentielle Auseinandersetzung mit dem Glauben führt zur Reflexion von Fragen, die im Grunde jeden Menschen betreffen: Wie kann ich Gottes Willen erkennen? Was bedeutet die Schrift für mich? Solche Fragen beantworten Autoren im Kloster kaum in Lehrsätzen oder logischen Argumentationsreihen, sondern indem sie wiederum die Schrift mit Hilfe von Bildern und Symbolen, von Allegorien und Allegoresen meditieren und reflektieren. Diese Reflexion geschieht – wie bei den scholastischen Kollegen – unter Einsatz von Verstand und Vernunft, sonst wäre die Rede von einer Theologie wohl kaum angemessen. Aber dieses alles andere als unvernünftige Theologietreiben im Kloster bleibt gebunden an ein gleichzeitiges inneres Suchen. Man mag diese Art, Theologie zu treiben, daher im umfassenden Sinne *ganzheitlich* nennen, denn sie bezieht Sinne und Herz, Vernunft und Verstand mit ein.

Die von Hildegard benannte Spannung von Ausbildung einerseits, innerer Bildung andererseits läßt sich hier wiederfinden. Liest man ihre visionäre Trilogie, begegnet man in der Tat neben dem Zeugnis einer tiefen Gotteserfahrung gleichzeitig der Distanz der Reflexion und dem Interesse an ganz aktuellen theologischen Fragestellungen. Auch in Hildegards Schriften wird innere Erfahrung nicht unmittelbar wiedergegeben, sondern ordnend reflektiert und systematisch begründet. Schließlich weist auch die Form dieser Reflexion und Begründung in den existentiellen Glaubensvollzug im Kloster, sind doch angesichts des Bilderreichtums in Hildegards Sprache die vielfältigen Bezüge zur Schriftlesung, zu Klassikern des geistlichen Lebens, zur Tagzeitenliturgie und zur Eucharistiefeier nicht zu übersehen. In diesem Sinne ist es nicht nur möglich, sondern auch sinnvoll, Hildegards Schriften im Rahmen einer *monastischen Theologie* wahrzunehmen.

MICHAEL ZÖLLER hat in seinem Buch *Gott weist seinem Volk die Wege: Die theologische Konzeption des „Liber Scivias" der Hildegard von Bingen (1098–1179)*, 1997, als einer der ersten Autoren der Hildegard-Forschung die in Scivias beschriebenen Visionen in diesem Rahmen einer monastischen Theologie verortet.

Zur Frage der „Echtheit" der Visionen und Auditionen Hildegards

Hildegard hat mit ihrer visionären Trilogie und ihren Gesängen eine Art *theologisches Gesamtkunstwerk* geschaffen. Dem Inhalt, Gott werde sichtbar und hörbar, entspricht die Form, die dieses Thema sowohl in eine reiche Bildersprache als auch in Hymnen und Melodien umsetzt. Wie steht es aber nun mit der *Echtheit* dieser Visionen und Auditionen? Zunächst einmal: Von Gott geoffenbarte Zusatzinformationen im Sinne der Verbalinspirition sind in Hildegards Werken nicht zu finden. Ansonsten gibt es keinen Grund, Hildegards Überzeugung von der Einsicht in den Sinn der Schrift, der ihr gottgeschenkt eingeleuchtet sei, anzuzweifeln. Denn viele ihrer inneren Bilder (vor allem der Kreis) lassen in ihrer Grundstruktur erkennen, daß hier eine Einheitserfahrung zugrundeliegt. Und warum sollte es nicht möglich sein, daß Gott in Zeiten, da die Führer der Kirche versagen, eine Frau beruft, um sein Wort zu *verkünden?* Hildegards Schilderungen offenbaren einen authentischen Erfahrungskern ihrer Begegnung mit dem göttlichen Wort.

> Zu solchen Phänomenen vgl. KARL RAHNER, *Visionen und Prophezeiungen*, 1958 (Quaestiones Disputatae, 4). Neben dem durch Handauflegung übertragenen Amt müsse eine unübertragene Berufung möglich sein, da Gott die Freiheit habe, sich zu offenbaren.

Aber auch Erfahrungen finden nicht in einem traditions- und kulturlosen Vakuum statt, Hildegard hat sich der Sprache und des Wissensstandes ihrer Zeit bedient. Wer nun vorschnell Göttliches und Menschliches, Gnade und Natur gegeneinander ausspielen will, verkennt eine Grundwahrheit des Christentums, von der Hildegard selber zutiefst überzeugt ist, wenn sie ihre Visionen in den Rahmen von Schöpfung, Inkarnation und Heiliger Schrift verortet. Gott läßt sein Wort den Menschen immer ganz menschlich zukommen. Ein solches *inkarnatorisches Offenbarungsverständnis* geht davon aus, daß Gott nicht vorbei an menschlichen Möglichkeiten sichtbar und hörbar wird, sondern mit ihnen und durch sie.

> Zu diesem Ergebnis kommt ebenfalls Rahner: Auch eine „natürlich erklärbare Vision" kann als „gottgewirkt" und als „Gnade" gelten (*Visionen und Prophezeiungen*, 1958, S. 40). Gott kann und will sich psychischer Möglichkeiten bedienen.

Der erwähnte authentische Erfahrungskern der Visionen und Auditionen Hildegards ist zudem nicht deckungsgleich mit dem, was uns in ihren Werken heute vorliegt. Hildegard selber benennt ausdrücklich eine Distanz zwischen Erfahrung und schriftlicher Fixierung. Die historischen und geschlechtsspezifischen Umstände der theologischen und schriftstellerischen Tätigkeit Hildegards legen nahe, daß sie ihre Erfahrungen im Sinne ihres prophetischen Auftretens reflektiert und auch instrumentalisiert hat. Das ausgefeilte Bildprogramm ihrer visionären Trilogie läßt ebenfalls *Reflexion und Konstruktion* erkennen. Das *Ich,* das uns hier begegnet, ist immer auch ein *gestaltetes Ich.* Ist es darum weniger authentisch? Für welche prophetischen Dichter und Dichterinnen gälte diese Beobachtung nicht?

Heute den Dialog mit Hildegard wagen

Menschen, die eine Antenne haben für Kunst, für den Umgang mit Bildern und Symbolen, insbesondere im Rahmen der Sprache, tun sich heute leichter mit einem Zugang zu Hildegards Werken als andere. Hildegard hat eine Theologie des Schönen, aber auch eine schöne Theologie hinterlassen. Hier bietet sich ein idealer Anknüpfungspunkt für den heutigen Dialog mit ihr.

Die Faszination, die heute von ihren einstimmigen gregorianisierenden Melodien ausgeht, weckt in vielen Menschen ein weiteres Interesse an der Schöpferin dieser Gesänge. Auch die Illustrationen der Visionen im Rupertsberger Scivias-Codex, der wahrscheinlich in ihren letzten Lebensjahren begonnen wurde, und im Lucca-Codex, in dem rund 50 Jahre nach ihrem Tod ihr Alterswerk mit Bildern ausgeschmückt wurde, ermöglichen eine erste Begegnung. Allerdings sind die genannten Illustrationen in den letzten Jahren so vielfach gedruckt und in vielerlei Bildbetrachtungen gedeutet worden, daß sie nicht selten das Verständnis von Hildegards ursprünglicher Aussage verstellen. Ihr großer Bekanntheitsgrad trägt auch

> Empfehlenswert in dieser Hinsicht ist JOSEF SUDBRACKs Darstellung *Hildegard von Bingen: Schau der kosmischen Ganzheit,* 1993. Sudbrack vergleicht Hildegards visionäre Begabung mit der künstlerischen Schaukraft eines Franz Marc und empfiehlt für die heutige Annäherung an Hildegard eine Empathie über Ästhetik und Poesie.

dazu bei, daß Hildegard etlichen Zeitgenossen als Malerin gilt und die vielfältigen modernen Interpretationen dieser mittelalterlichen Illustrationen als Hildegards Meinung erscheinen. Gemalt hat Hildegard nur mit Worten, daher sollte man, wenn man wirklich an Hildegard interessiert ist, das Bild immer an den entsprechenden Text rückbinden. Denn auch das Bild ist eine Interpretation dessen, was Hildegard schreibt, und nicht damit identisch.

Die Sprache in Hildegards Visionswerken erweist sich über lange erklärende Passagen hinweg als spröde und doch auch immer wieder als ergreifend schön. Sicher wird man Hildegard nicht gerecht, wenn man das eine verschweigt und nur das andere vermittelt. Zum heutigen Umgang mit Hildegard sollte beides gehören dürfen: Fremde und Faszination.

Gottes ewiger Ratschluß

Wir wollen im Folgenden Grundlinien der Theologie Hildegards nachgehen. Ihr Werk macht ein solches Unterfangen nicht gerade leicht, denn es finden sich kaum systematische Traktate, in denen sich ihre Meinung zu Gott und der Welt einfach nachlesen ließe, dafür aber eine Vielzahl sprachlicher Bilder, die doch immer wieder um dasselbe Thema, daß Gott sich vielfältig sichtbar macht, kreisen. Dabei geht es letztlich immer um Christus, das in der Schöpfung sichtbar gewordene Schöpfungswort Gottes. Eine Vision über das Leben Christi sucht man bei Hildegard jedoch vergebens, vielmehr sind ihre Bilder bevölkert von zahlreichen Allegorien, die unter verschiedenen Aspekten der Heilsgeschichte auf ihn hinweisen.

Allegorie: Personifikation eines abstrakten Begriffs. In Hildegards Werk treten vor allem viele personifizierte Tugenden und Verkörperungen heilsgeschichtlicher Stationen wie die Synagoge oder die Kirche auf.

Doch wo muß man die „erste" Station der Heilsgeschichte festmachen? Wenn Gott mit der Schöpfung aus seiner Ewigkeit heraustritt und damit Zeit und Geschichte im eigentlichen Sinne erst beginnen, geht diesem Anfang in Hildegards Darstellung bereits eine Vielzahl von innergöttlichen Entscheidungen voraus. Vor der Zeit liegt Gottes ewiger Ratschluß, sich in der Zeit mitzuteilen.

Die absolute Prädestination

Die Frage, ob Gott wohl auch Mensch geworden wäre, wenn der Sündenfall nicht passiert wäre, ist ein Thema, das viele Theologen im 12. Jahrhundert beschäftigt. Gerade im Zusammenhang der skizzierten neuplatonischen Urbild-Abbild-Überlegungen beantworten sie diese Frage meistens mit Ja. Denn Gottes Wesen ist so auf Selbstmitteilung ausgerichtet, daß er sich in seiner Schöpfung zeigen will – bis dahin, daß er selber Geschöpf wird. Diese Tendenz läßt sich auch in Hildegards Werk ablesen.

Die bereits dargestellte Vision vom Lichtquell, an dessen Rand die Gestalt des Friedens steht, während Demut und Liebe in Schöpfung und Inkarnation zur Erde hinabsteigen, ist ein Beleg dafür, daß auch Hildegard an manchen Stellen ihres Werkes in der Begründung der Inkarnation auf den Sündenfall verzichten kann. Diese alte theologische Tradition, die auch viele Kirchenväter teilen, ist heute vielfach in Vergessenheit geraten, dabei läßt sich hier Wertvolles entdecken: Daß Gott in der Mitte der Zeit Mensch wird, ist mehr als *Reparatur* der durch die Sünde erlösungsbedürftigen Schöpfung, es ist vielmehr die Konsequenz eines ganz und gar optimistischen Glaubens an einen mitteilungsfreudigen Schöpfergott.

Absolute Prädestination: lateinisch *absolut* = losgelöst, *Prädestination* = Vorherbestimmung; die Vorstellung, die Inkarnation sei losgelöst vom Sündenfall, d.h. unabhängig von ihm, im Willen Gottes vorherbestimmt.

Hypostatische Union: In Jesus Christus vereinen sich ohne Abstriche Menschsein und Gottsein. *Hypostase:* griechisch = Grundlage, Wesenheit, lateinisch = *substantia*.

Gott ist bereits in sich einer, der wirkt, in aller Ewigkeit spricht er sich aus in seinem Wort. Diese innertrinitarische Kommunikation äußert sich in der Schöpfung. Es ist kein Zufall, daß sich der Gedanke einer *absoluten Prädestination* bei Hildegard vor allem da findet, wo sie die priesterschriftliche Schöpfungserzählung (Gen 1) und den Johannesprolog (Joh 1) erklärt: Das Wort, das im Anfang war, war Gott und bleibt Gott, aber es geht auch aus Gott heraus. Gott äußert sein Wort in seiner Schöpfung, indem er spricht: „Es werde …!" Damit ist Gottes Wille, sich mitzuteilen, aber noch lange nicht am Ziel. In der Schöpfung setzt er sich ein Gegenüber, mit dem er kommunizieren will, und diese Kommunikationsfreudigkeit Gottes mündet ein in das großartige Projekt der *Hypostatischen Union:* Unzertrennt und ungemischt werden Schöpfer und Geschöpf eins in Christus. Die Inkarnation ist der Gipfel des Willens Gottes, aus sich herauszutreten und sich mitzuteilen, in Christus geht er eine einzigartige Verbindung von Schöpfer und Geschöpf ein.

Diesen Grundgedanken veranschaulichen in Hildegards Werken viele Allegorien, die als Frauengestalten den Ratschluß Gottes zu Schöpfung und Inkarnation verkörpern. In einem Brief an Abt Adam von Ebrach beschreibt Hildegard eine sol-

GOTTES EWIGER RATSCHLUSS

che allegorische Frauengestalt: Ich sah „etwas wie ein überaus schönes Mägdlein (...). Sonne und Mond hielt es in seiner Rechten und umfaßte sie liebevoll. Auf seiner Brust war eine Elfenbein-Tafel, auf der eine Menschengestalt von saphirblauer Farbe erschien. Und die ganze Schöpfung nannte dieses Mägdlein ‚Herrin'. Und es sprach zu der Gestalt, die auf seiner Brust erschien: ‚Bei dir ist die Herrschaft am Tage deiner Kraft, im Glanze der Heiligen. Auf dem Schoße habe ich dich gezeugt, vor dem Morgenstern' (Ps 110,3)" (Briefwechsel, S. 140). Wer ist diese Frau? Verwandt ist sie mit der Gestalt der *Weisheit* aus dem späten Alten Testament, die vor aller Zeit aus Gott hervorging und ihm bei der Schöpfung behilflich war (Spr 8,22–31; Sir 24,3–22). Hildegard bezeichnet sie als die *Liebe*, die aus der Ewigkeit stammt, sich aber in Schöpfung und Inkarnation in die Zeit begibt. Diese Allegorie der Liebe verkörpert Gottes Plan, sein Heil zu zeigen: Sonne und Mond in der Rechten der Liebe weisen darauf hin, daß Gott sein Heil in der Schöpfung zeigt. Gottes Wille, sich zu zeigen, geht aber noch viel weiter: Die elfenbeinerne Tafel vor der Brust der Liebe deutet Hildegard als Maria, die das Schöpfungswort Christus, versinnbildlicht in der saphirblauen Menschengestalt, in der Schöpfung zur Welt bringen wird. Der Liebe legt Hildegard einen Psalmvers in den Mund, den im Verständnis der christlichen Tradition Gott selbst in seiner Ewigkeit zu seinem Sohn sagt.

Es ist schwer, diese Allegorie Hildegards eindeutig einer Person innerhalb der Dreieinigkeit zuzuordnen. Der christliche Umgang mit der alttestamentlichen Frau Weisheit kennt ebenfalls nicht nur eine Interpretation, gerade im Schrifttum der alten Kirche lassen sich etliche Belege für eine christologische Deutung der Weisheit finden – vor allem da, wo sie mit dem Wort des Johannesprologs verbunden wird, das ebenfalls göttlich ist und eine wesentliche Rolle beim Entstehen der Schöpfung spielt. Verbreitet ist aber auch eine Identifikation der Weisheit mit dem Heiligen Geist, der ja ebenfalls in der Ewigkeit aus dem Vater hervorgeht und ohne den keine Schöpfung möglich ist. Hildegards Allegorie der Liebe verkörpert die Seite Gottes, die nicht in der Ewigkeit bleibt, sondern sowohl in der

Schöpfung als auch in der Inkarnation aus sich heraustritt. Insofern umfaßt sie das, was durch Sohn *und* Geist geschieht. Diese göttliche Frau ist das himmlische Urbild derjenigen Frauengestalten, die an verschiedenen Stationen der Heilsgeschichte eine wesentliche Rolle dabei spielen werden, das Wort in der Welt offenbar zu machen: Eva und die Synagoge, Maria und die Kirche – und schließlich Hildegard selber, die ihre Visionen ja auch in diesen heilsgeschichtlichen Zusammenhang des Sichtbar-Machens Gottes stellt. Sie alle sind für Hildegard irdische Erscheinungsweisen einer göttlichen *feminea forma,* einer weiblichen Gestalt, die nichts anderes als die der Schöpfung zugewandte Seite Gottes verkörpert.

Diese Gestalt der himmlischen *feminea forma* variiert Hildegard an vielen Stellen ihres Werkes in verwandten Frauengestalten. Mit ihr verwandt ist die *rationalitas,* die zu Beginn des *Liber Divinorum Operum* auftritt. In einem großen Monolog stellt sie sich vor als Ursprung allen Lebens, als göttliche Kraft, die überall am Werk ist. Aus ihr stammt nicht nur die äußere Schönheit der Schöpfung, sondern auch ihr innerer Sinn, der göttlich ist. Das macht es besonders schwer, Hildegards Wortschöpfung *rationalitas* zu übersetzen. *Rationalitas* bedeutet so viel wie *Vernünftigkeit,* aber unsere Vorstellungen von Vernunft und vernünftig decken sich nur mit einem Teil dessen, was Hildegard mit *rationalitas* meint: keine einseitig verkopfte Rationalität, sondern Schönheit und Sinn, Vernunft, Verstand und Herz. Hildegards rationalitas hat Menschengestalt, aber auch Flügel. Auf einem Flügel erscheint ein Adlerkopf mit feurigen Augen, auf dem anderen das Gesicht eines älteren Mannes. Das Gesicht eines älteren Mannes deutet Hildegard als den gütigen Ratschluß Gottes, sich in seinem Sohn zu zeigen. Der Adlerkopf ist Sinnbild aller geistigen Menschen, die Gott sehen wollen (Wirken Gottes, S. 22 f.). Im Flügelpaar der rationalitas wird daher deutlich, worum es Gott sowohl in seinem Ratschluß als auch in der Durchführung dieses Ratschlusses geht: Er zeigt sich und will gesehen, erkannt werden.

Hildegards Erstlingswerk trägt daher aus gutem Grund den Titel *Scivias, Wisse/erkenne die Wege,* denn es will die Leser hinweisen auf die Erkennbarkeit des Willens Gottes. In *Scivias* betet Hildegard: „Verleihe mir die Fähigkeit und gib mir zu erkennen, wie ich den göttlichen Plan, der im ewigen Ratschluß gefaßt wurde, verkünden soll, wie dein Sohn nach deinem Willen Fleisch annehmen und ein sterblicher Mensch werden sollte, du hast ja vor aller Schöpfung (…) beschlossen, daß dein Sohn am Morgen der Jungfräulichkeit wie eine strahlende Sonne wunderbar aufgehe …" (Scivias, S. 309). Daß Gott Mensch werde, ist hier ganz ausdrücklich nicht das Ergebnis eines göttlichen Rettungsplanes nach dem Sündenfall, sondern schon weit vorher so vorgesehen, weil Gott sich in seinem Sohn zeigen will.

Gottes Rettungsplan für den Menschen

Nicht im Widerspruch, sondern in Ergänzung zur Annahme einer absoluten Prädestination findet sich in Hildegards Theologie eine weitere Begründung für die Schaffung des Menschen und die Menschwerdung Gottes, die ebenfalls weit vor der Zeit in der Ewigkeit Gottes anzusiedeln ist und damit zu tun hat, daß es zwischen Gott und Mensch noch andere Wesen gibt: die Engel.

In *Scivias* beschreibt Hildegard die Chöre der Engel, die kranzförmig einander umgeben und von ganz verschiedenen Attributen charakterisiert werden (Scivias, S. 94–100). Mit Hilfe dieser Attribute, vor allem der Augen, die auf den Flügeln etlicher Engel erscheinen, stellt Hildegard eine Beziehung her zwischen den Sinnen und den Aufgaben der Engel: Die Engel sind dazu da, Gott wahrzunehmen und ihn zu erkennen, die Konsequenz dieser Erkenntnis ist das Lob, das sie in der Ewigkeit Gott singen. Hildegard vergleicht die Engel immer wieder mit Spiegeln, die die Herrlichkeit Gottes widerspiegeln und auf diese Art und Weise Anteil an der innergöttlichen Erkenntnis haben. Im Bild vom Spiegel wird deutlich, daß die Schönheit der Engel nicht aus ihnen selber stammt, sondern Widerschein der Schönheit Gottes ist. Die Engel sind

HEINRICH SCHIPPERGES, *Die Welt der Engel bei Hildegard von Bingen*, 1995.

dazu da, sich auf die Kommunikation mit dem mitteilungsfreudigen Gott einzulassen. Gott ist einer, der wirkt, und die Engel dürfen in der Erkenntnis und im Lob mit ihm zusammenwirken: Wirken und Zusammenwirken, *operari* und *cooperatio*, sind Schlüsselbegriffe in Hildegards Theologie.

Hildegard ist vertraut mit der alten mythologischen Tradition, die erzählt, daß einer dieser Engel besonders schön war: Luzifer (lateinisch „Lichtträger"). Sie beschreibt ihn als hellstrahlenden Stern vor dem Thron Gottes (Scivias, S. 319). Luzifer aber war nicht damit zufrieden, Gott zu erkennen und ihn zu loben und seine Herrlichkeit widerzuspiegeln, er wollte aus sich selbst heraus schön und herrlich sein und verweigerte Gott die Kooperation. Diese Revolte führt dazu, daß Luzifer nicht länger im Himmel bleiben konnte. In Hildegards Darstellung ist es nicht Gott, der seinen schönsten Engel bestraft und aus dem Himmel in die Hölle verweist. Die von Hildegard verwendete Lichtsymbolik legt nahe, daß Luzifer sich letztlich selbst bestraft, denn er wendet sich ab von der einzigen Quelle des Lichtes: Gott. Und da Luzifer über kein eigenes Licht verfügt, erlischt sein Glanz in dem Moment, in dem er sich weigert, den Glanz Gottes widerzuspiegeln. Ohne diesen göttlichen Bezugspunkt stürzt er mit seiner Anhängerschaft aus dem Himmel und errichtet sein Reich im Norden, also in der Gegend, die vom Licht der Sonne unberührt bleibt (Scivias, S. 319f.). So entsteht die Hölle, aus Luzifer wird der Teufel.

Dieser *präexistente Engelsturz* hat Konsequenzen. Denn die Chöre der Engel, die Gott erkennen und ihn loben, sind nun nicht mehr vollzählig. Auch der Glanz Luzifers geht nicht einfach verloren, sondern Gott nimmt ihn wieder an sich und faßt einen zweifachen Plan: Ein weiteres Mal will er ein Wesen vor allen anderen mit besonderer Schönheit auszeichnen, d. h. ihm besonderen Anteil an seiner göttlichen Erkenntnis schenken, dieses besondere Wesen soll die Lücke füllen, die durch den Sturz Luzifers entstanden ist. Luzifer konnte hochmütig werden, weil er nur aus Erkenntnis und Lob bestand, d. h. er war ein rein geistiges Wesen und hatte keinen Leib. Das Wesen,

Präexistent: lateinisch = das, was vorher existiert, gemeint ist vor der Schöpfung.

GOTTES EWIGER RATSCHLUSS

das nun in Gottes Ratschluß reift, wird Luzifers Glanz erhalten, d. h. die Fähigkeit, Gott zu erkennen und ihn zu loben. Aber gleichzeitig wird Gott dieses Wesen an die Leiblichkeit aus Erdenlehm binden – als Schutz vor dem Hochmut. So wird der Mensch in seiner leib-seelischen Verfaßtheit durch seine Seele ein Verwandter der Engel im Himmel, durch seinen Leib ein Verwandter des Erdenlehms. Im Unterschied zu Luzifer ist der Mensch großartig und armselig zugleich.

Mit dem Menschenbild, das Hildegard hier erzählerisch entfaltet, unterscheidet sie sich grundsätzlich von der Ideologie der Katharer. Zwar meinen auch die Katharer wie Hildegard, der Mensch sei in seiner göttlichen Erkenntnisfähigkeit ein Verwandter der Engel. Seinen Leib aber halten sie für eine Schöpfung des Bösen und ein Gefängnis der Seele, von dem sich der Mensch durch Askese befreien muß. Im Gegensatz dazu ist der Böse bei Hildegard dadurch gekennzeichnet, daß er gerade keinen Leib hat, sondern ein reines Geistwesen ist. Der Leib ist dem Menschen von Gott zugedacht als schützendes Kleid vor dem Hochmut, für den rein geistige Wesen anscheinend sehr empfänglich sind. Der Leib ist aber noch weit mehr.

Gott weiß in seiner Vorherbestimmung, daß der Teufel neidisch auf den Menschen werden wird, wenn der Mensch den Glanz Luzifers erhält und sein Erbe antritt, Teilhaber der göttlichen Erkenntnis zu sein. Gott weiß auch, daß der Teufel daher den Menschen bedrängen wird, so daß sich die alte tragische Geschichte von der besonderen Nähe zu Gott bis zum Fall in die Gottferne wiederholen wird. In diesem Zusammenhang kommt dem Leib des Menschen eine weitere wichtige Bedeutung zu: Der Leib ist auch die von Gott dem Menschen zugedachte Rettungsmaßnahme. Der Sturz Luzifers war endgültig und unwiderrufbar, der Mensch aber ist von Gott von Anfang an so geschaffen, daß Gott ihn auch erlösen kann. Wenn Gott die Seele des Menschen, d. h. die menschliche Teilhabe an der göttlichen Erkenntnis, an den Leib aus Erdenlehm bindet, plant er bereits, daß er im Falle des Falles diesen Menschenleib selber anziehen wird, um den gefallenen Menschen zurückzuholen und ihm im Himmel und auf Erden den Platz wiederzugeben, für den er eigentlich geschaffen ist.

Die Engel im Himmel aber haben wenig Verständnis für den armseligen Leib des Menschen, in dem sich nun der wunderbare Glanz des schönsten Engels befindet. Aber diesem Lehmklumpen gilt die große Liebe Gottes. Deshalb sieht Hildegard ihn im Herzen des Vaters. Hier versinnbildlicht er den göttlichen Ratschluß, daß der Sohn Gottes, der aus seinem Herzen hervorgehen wird, bereits das Bild des Menschen in sich trägt, damit kein Engel den Menschen verachten kann (Scivias, S. 314).

Im Zusammenhang der absoluten Prädestination versteht Hildegard die Menschwerdung in Christus als den Höhepunkt des göttlichen Ratschlusses, den Schöpfer in der Schöpfung zu zeigen. Wo Hildegard die Menschwerdung jedoch von der präexistenten Revolte Luzifers herleitet, steht der Gedanke der Erlösung im Mittelpunkt. Die vielen allegorischen Frauengestalten, die in Hildegards Werk den absoluten Ratschluß zur Menschwerdung verkörpern, zeigen in ihren Selbstdarstellungen die geradezu lyrische Begabung Hildegards, die ihnen das Lob des Schöpfers in den Mund legt. Die Vorstellung des präexistenten Engelsturzes offenbart dagegen mehr ihre dramaturgische Ader, liegt hier doch gleichsam ein Prolog im Himmel vor dem ersten Akt der Heilsgeschichte vor, in dem bereits alle Fäden für den weiteren Verlauf der Handlung gesponnen sind. Man darf auf einen kosmischen Kampf zwischen Gott und Teufel um den Menschen gespannt sein.

Schöpfung und Mensch

Einige der Visionen Hildegards gelten dem göttlich inspirierten Kosmos, so vor allem das Bild vom Weltenei in *Scivias* und das in etlichen Visionen variierte Bild vom Kosmosrad im *Liber Divinorum Operum*. Das derzeitige Unbehagen an einem einseitig *anthropozentrisch* ausgerichteten Weltbild und seinen schlimmen Konsequenzen hat in den vergangenen Jahren zu einer verstärkten Rezeption der Kosmosvorstellungen Hildegards geführt. In der Tat läßt sich in ihrem Werk in dieser Hinsicht Wertvolles finden, doch sollte man sich davor hüten, unsere Vorstellungen einer nun zerstörten und ursprünglich heilen *Natur* einfach mit Hildegards Rede von der *Schöpfung* gleichzusetzen. Hildegard geht es nicht um eine Natur, sondern immer um Schöpfung, in der der Schöpfer sichtbar wird und nach wie vor am Werk ist. Wenn sie dieses Wunder in Worte faßt, wird aus ihren Formulierungen nicht selten ein Gedicht. So läßt sie z. B. die nun schon bekannte *rationalitas* sprechen: „Ich, das feurige Leben der göttlichen Wesenheit, flamme über die Schönheit der Fluren, leuchte in den Wassern und brenne in Sonne, Mond und Sternen. Mit dem Windhauch, dem unsichtbaren Leben, das alles erhält, erwecke ich alles zum Leben. Die Luft lebt nämlich im Grünen und im Blühen, die Wasser fließen, als ob sie lebten, auch die Sonne lebt in ihrem Licht. Und wenn der Mond abgenommen hat, wird er vom Licht der Sonne entzündet und lebt gleichsam; auch die Sterne leuchten in ihrem Licht, als ob sie lebten. Auch die Säulen, die den gesamten Erdkreis tragen, habe ich aufgerichtet ..." (Wirken Gottes, S. 20). Zweifelsohne geht es hier auch um die äußere Schönheit der Schöpfung. Ein Blick auf Hildegards Kosmosvisionen kann zeigen, welche Tiefendimensionen ihre Rede von der Schöpfung darüber hinaus enthält.

> **Anthropozentrisch:** von griechisch *anthropos* = Mensch, gemeint ist ein Weltbild, das vom Menschen als Mittelpunkt der Welt ausgeht.

Der Mensch im Ei der Schöpfung *(Scivias)*

Hildegard kann die Schöpfung weder ohne den Schöpfer, noch ohne den Menschen noch ohne Christus, das menschgewordene Schöpfungswort, denken. Schöpfung meint daher nicht nur den materiellen Aspekt der Geschöpfe, sondern immer auch den zeitlichen: Wenn Gott in der Schöpfung aus sich heraustritt, äußert er sich nicht nur in der Materie, aus der alles im Himmel und auf Erden entsteht, sondern auch in der Zeit, die mit der Schöpfung aus Gottes Ewigkeit ausfließt (*Emanation,* vgl. Randnote S. 102) und damit nicht nur einfach Zeit, sondern Heilszeit, Heilsgeschichte ist.

Diese Vorstellung läßt sich vor allem an der Vision vom Weltenei in *Scivias* ablesen: Hildegard beschreibt ein Ei, das oben spitz zuläuft. Innerhalb dieses Eis erkennt sie u. a. einen großen Feuerball, gehalten von drei Fackeln, sie sich über ihm befinden. In einer unteren Schicht des Eis beschreibt sie sodann einen weißen Feuerball, über dem zwei Fackeln angebracht sind. Ausgefüllt wird das Ei durch die vier Elemente, in dessen Mitte Hildegard eine große Sandkugel sieht, auf der wiederum ein riesiger Berg zu erkennen ist (Scivias, S. 40f.).

Diese Kosmosvision ist nicht nur ein Bild für die Schönheit der Schöpfung, in der Gott im Feuer der Gestirne und auf der Erde erfahrbar ist, sie enthält auch ein ganzes Bündel von detaillierten Hinweisen auf das Heil, das sich im Verlaufe der Heilsgeschichte entfalten wird. Der feurige Ball nämlich ist nichts anderes als ein Hinweis auf Christus, die Sonne der Gerechtigkeit, die über der Schöpfung aufgeht. Die drei Fackeln über ihm sind Sinnbilder für die Engel und dann für Seele und Leib des Menschen (Scivias, S. 42). In Kurzfassung enthalten sie also Hildegards skizzierte erzählerische Begründung von der Schaffung des Menschen. Gott bindet im Menschen den Glanz der Engel mit der Seele an den Leib aus Erdenlehm. Der weiße Feuerball meint den Mond und in diesem Sinnbild die Kirche, die vom Glanz Christi erstrahlt. Die beiden Fackeln über dem Mond der Kirche sind die beiden Testamente der Bibel, mit denen Christus sein Wort den Menschen zukommen läßt (Scivias, S. 44). Die große Sandkugel schließlich ist die Erde, die den Menschen bezeichnet, über dem die Lichter Christi, des Alten und des Neuen Testamentes und der Kirche strahlen. Der Mensch ist die Mitte der Schöpfung: Er ist „überaus herrlich aus Lehm gebildet (...); er wird von der Kraft der Geschöpfe so stark umfangen, daß er von ihnen gar nicht getrennt werden kann; denn die Weltelemente sind für den Menschen geschaffen und erweisen ihm ihren Dienst. Der Mensch aber thront in ihrer Mitte und beherrscht sie nach göttlicher Anordnung, wie es auch David (...) ausspricht: ‚Mit Ruhm und Ehre hast du ihn gekrönt und ihn über die Werke deiner Hände gesetzt' (Ps,6-7)" (Scivias, S. 46). Durch diese Würde kann, darf und soll der Mensch erkennen, wer und was Gott ist. Der riesige Berg, den Hildegard sieht, ist an seiner Nordseite finster, im Osten aber hell beleuchtet. Der Norden ist die Gegend, in der Luzifer sein Reich errichtet hat, nachdem er aus der Verbindung mit Gott herausgefallen ist. Aus dem Osten aber geht die Sonne Christus auf. Der Berg markiert die Scheidung zwischen Finsternis und Licht und ist hingeordnet auf die menschliche Ent-Scheidung zwischen Gott und Teufel (Scivias, S. 47).

Der Mensch im Rad des Kosmos
(Liber Divinorum Operum)

Das Kosmosrad aus Hildegards Alterswerk, dem *Liber Divinorum Operum,* ist mit dieser Vision vom Weltenei aus Hildegards Erstlingswerk *Scivias* verwandt. Es ist interessant, daß die Vorliebe für das Bild des Kreises in den Werken Hildegards mit dem zunehmenden Alter der Autorin wächst, diese Beobachtung spricht für einen gereiften authentischen Erfahrungskern ihrer Visionen. Hildegard legt ausdrücklich Wert darauf, daß weder das Bild vom Ei noch das Bild vom Rad das Geheimnis der Wirklichkeit zu treffen vermögen (Wirken Gottes, S. 40f.).
Im *Liber Divinorum Operum* beschreibt Hildegard die Schöpfung als Rad, das vor der Brust der anfangs zitierten Gestalt

der *rationalitas* erscheint. Dieses Rad versinnbildlicht die Vollkommenheit des göttlichen Ratschlusses. Brachte Hildegard in *Scivias* die Aspekte Kosmos und Heilsgeschichte im Bild des Welteneis unter, werden diese beiden Dimensionen im *Liber Divinorum Operum* ergänzt um den dritten Aspekt der für das geistliche Leben wesentlichen Tugenden. Im Rad des göttlichen Ratschlusses finden sich wie im Weltenei die vier Elemente, aus denen nach Hildegards Auffassung alles besteht. Auch der Mensch hat, gehalten von den Elementen, seinen zentralen Platz im Kosmos. Allerdings geht es Hildegard nicht nur um die Elemente Feuer, Luft, Wasser und Erde, die den materiellen Aspekt der Schöpfung veranschaulichen. Die Verschiedenheit der Elemente verbindet sie mit geistlichen Inhalten, von denen der Mensch ebenfalls umgeben und gehalten ist: vom schwarzen Feuer, das Gottes gerechte Strafe bezeichnet, von der Reue, von vielen heiligen Werken, vor allem aber von der grundsätzlichen Tugend der Unterscheidungskraft, die Gott dem Menschen mit auf den Weg gegeben hat (Wirken Gottes, S. 41–44). Auch die Sterne, die den Menschen im Kosmos umgeben, deutet Hildegard als geistliche Lehrer und als Tugenden, die den Menschen erleuchten. Eingebunden ist er in ein Beziehungsgeflecht von weltlichen und geistigen Angelegenheiten. Ihn blasen vielerlei verschiedene Winde an, die von mehreren Tierköpfen im Rad des Kosmos ausgehen und die für das Gleichgewicht der Schöpfung sorgen. Sie sind Sinnbilder für geistige Haltungen und Tugenden, die ebenfalls dafür sorgen, daß der Mensch, der Inbegriff aller Schöpfung ist, in seinem Verhältnis zum Schöpfer nicht aus dem Gleichgewicht gerät.

Wie Gott in sich einer ist, der wirkt, und wie Gott wirkt, wenn er in der Schöpfung aus sich herausgeht, so soll auch der Mensch wirken in und mit der Schöpfung: zusammen mit Elementen und Tugenden inmitten der Zeit, die ihm als Heilszeit von Gott gegeben ist.

Schöpfung-Kirche-Mensch: Hildegards Kommentar zu Genesis, Kap. 1

Die beschriebene Vision vom Kosmosrad befindet sich am Anfang von Hildegards *Liber Divinorum Operum,* in der Mitte dieses ihres letzten Werkes legt sie die zwei für sie grundsätzlichen Bibelstellen Johannes, Kap. 1 und Genesis, Kap. 1 aus – nicht zufällig in dieser Reihenfolge: Denn der Glaube an die Fleischwerdung des Wortes liefert den Schlüssel für den Umgang mit der alttestamentlichen Botschaft von der Entstehung der Welt aus dem Wort Gottes. Die Vision vom Kosmosrad enthält bereits in Bildern alle wesentlichen Elemente, die sich auch in Hildegards Kommentar zur priesterschriftlichen Schöpfungserzählung (Genesis, Kap. 1) finden.

Hildegard ist vertraut mit der Tradition von den verschiedenen *Schriftsinnen,* im mittelalterlichen Umgang mit der Heiligen Schrift findet man vor allem *vier* Schritte der Interpretation: Zunächst gibt eine Bibelstelle Auskunft über ein geschichtliches Ereignis (der sogenannte *Literalsinn*), dahinter aber verbirgt sich ein Glaubensgeheimnis (der *allegorische Sinn*), das wiederum einen Impetus zu handeln enthält (der moralische oder *tropologische* Sinn) und gleichzeitig einen hoffnungsvollen Ausblick darauf, daß Gott alles zum Guten führen wird (der *anagogische* Sinn). Ein beliebtes Beispiel, an dem sich diese vier Sinne veranschaulichen lassen, ist die Stadt Jerusalem: Im Rahmen des Literalsinnes bezeichnet sie eine historische Stadt, in der viele wichtige biblische Ereignisse stattfanden. Im Rahmen des allegorischen Sinnes wird diese Stadt Jerusalem zum Sinnbild der Kirche, die Gläubigen der Kirche sind Bürger eines allegorischen Jerusalem. Aber auch der einzelne Mensch kann mit der Stadt Jerusalem gemeint sein. Dieser moralische Sinn zielt darauf, dem Menschen klarzumachen, daß z. B. Gott in ihm selber wohnen will. Schließlich ist Jerusalem bereits innerbiblisch ein Bild für die end-

---

Literalsinn: der buchstäbliche, wörtliche Sinn.

Allegorischer Sinn: von griech. „anderssagen" – hier aus der Perspektive des Glaubens.

Tropologischer Sinn: von griech. *trepein* = (hin-)wenden – hier den Leser zu Haltungen und Handlungen. Der Glaube wird ergänzt durch die Liebe.

Anagogischer Sinn: von griech. hinaufführen – Eröffnung der Zukunft bzw. der endzeitlichen Vollendung.

So wirken Glaube, Liebe und Hoffnung im Umgang mit der Hl. Schrift.

zeitliche Vollendung durch Gott, dieser anagogische Sinn eröffnet dem Betrachter eine hoffnungsvolle Perspektive auf die Zukunft.

Hildegard wählt bei ihrer Interpretation einen Dreischritt, in dem sich die ersten drei der vier genannten Deutungsmöglichkeiten wiederfinden lassen: Zunächst erklärt sie die wörtliche Bedeutung und verfolgt, was Gott an jedem der sieben Schöpfungstage durch sein Wort entstehen läßt: Himmel und Erde, Tag und Nacht, Meere und Land, Gestirne und mit ihnen verschiedene Zeiten, Kriechtiere und Flugtiere, Nutzvieh und wilde Tiere und schließlich den Menschen als Mann und Frau.

Da die Schöpfung am siebten Tag vollkommen vollendet wird, ist das natürlich noch lange nicht alles, was aus Gott durch sein Wort hervorgeht. Die sichtbaren Geschöpfe weisen hin auf unsichtbare Glaubensgeheimnisse. Ihnen ist der zweite Schritt in Hildegards Auslegung gewidmet, sie liest die ganze Schöpfungserzählung noch einmal, aber nun bezogen auf die Kirche: Gott scheidet nicht nur zwischen Licht und Finsternis, sondern zwischen Glauben und Unglauben, auch läßt er das Firmament des Glaubens entstehen. Er sammelt die glaubenden Menschen in der Kirche, deren Symbol die fruchtbare Erde des dritten Schöpfungstages ist. Die Leuchten am Firmament deutet Hildegard als geistliche und weltliche Lehrer und Herrscher, die den Menschen erleuchten. Wenn Gott verschiedene Tiere auf der Erde entstehen läßt, erkennt Hildegard hier einen Hinweis auf die verschiedenen Stände der Kirche. Schließlich schafft Gott den Menschen als Mann und Frau zum Aufbau der Kirche. Im Mann sieht Hildegard einen Hinweis auf die Sorge um die himmlischen Tugenden; diese „männliche" Lebensform wird von den Jungfrauen und Mönchen verwirklicht. Die Frau dagegen symbolisiert die Sorge um das weltliche Leben, diese „weibliche" Lebensform verwirklichen verheiratete Männer und Frauen in der Kirche. Die Vollendung der Schöpfung am siebten Tag deutet Hildegard auf Christus. Denn Gott kommt nicht zur Ruhe, bevor er nicht das Höchstmaß seines Mitteilungswillens in der Schöpfung in die Tat um-

SCHÖPFUNG UND MENSCH

gesetzt hat. In der Hypostatischen Union Christi kommt Gott zur Ruhe, Christus ist das Werk des siebten Schöpfungstages. Anschließend deutet Hildegard in einem dritten Schritt jeden Schöpfungstag als Aussage über die Verantwortung des Menschen, den Gott zum Wirken in und mit der Schöpfung bestimmt hat. So schwebt der Geist im Anfang nicht nur über den Wassern der Schöpfung, sondern auch über dem Leben des Menschen, der am Abend seine bösen Werke bereuen und am Morgen einen neuen Anfang wagen kann. Wenn Gott die Wasser scheidet, erkennt Hildegard hier einen Hinweis auf den Grundsatz aller Tugenden, die Unterscheidungsgabe. Das Entstehen der Erde verbindet Hildegard mit der Tugend der Demut, denn der Mensch ist durch seinen Leib aus Erdenlehm mit der Erde verwandt und kann wie sie fruchtbar werden aus dem Samen des Wortes Gottes. Die Entstehung von Sonne und Mond am vierten Tag versteht Hildegard als Hinweis auf die Einheit von Gottes- und Nächstenliebe. Mit der Schaffung der Kriech- und Flugtiere verbindet sie die Tugend der Weltverachtung. Diese Tiere leben nämlich nicht auf der Erde, sondern in den Elementen Luft und Wasser, die Hildegard mit dem Wirken des Geistes in der Taufe verbindet. Insofern erinnern sie den Menschen daran, daß es mehr gibt als die sichtbare Welt, auf der er lebt. Mehrere Tugenden werden mit dem sechsten Schöpfungstag verbunden: In der Schaffung des Mannes sieht Hildegard einen Hinweis auf die Gerechtigkeit, in der Schaffung der Frau auf die Barmherzigkeit, mit allen Tugenden soll der Mensch zusammenwirken und fruchtbar werden. Den göttlichen Herrschaftsauftrag an den Menschen nutzt Hildegard schließlich, um den Menschen zum Gehorsam aufzurufen, denn wie die ganze Schöpfung im Rahmen des Literalsinns dem Menschen unterworfen ist, ist der Mensch im Rahmen des moralischen Schriftsinns Gott unterworfen. Der siebte Tag schließlich steht ganz im Zeichen des Sohnes Gottes, zu dem der Mensch gehört und in dem er Zutritt zu allen himmlischen Freuden hat (Wirken Gottes, S. 275–332).

Leib und Seele, Mann und Frau

Die Unterscheidung der beiden Schöpfungserzählungen in Genesis, Kap. 1 und Genesis, Kap. 2 ist dem 12. Jahrhundert fremd. Daß das strophenförmige Siebentagewerk des ersten biblischen Kapitels jüngeren Datums ist als die in Genesis, Kap. 2 tradierte Vorstellung, Gott habe den Menschen aus Erde vom Ackerboden geformt, ist ein Ergebnis moderner Bibelwissenschaften. So wird verständlich, warum die Bibel zweimal von der Schaffung des Menschen erzählt: In Genesis 1,27 entsteht der Mensch, nachdem schon alle anderen Geschöpfe fertig sind, am sechsten Schöpfungstag, von Anfang an gibt es Mann und Frau (sog. *priesterschriftliche Schöpfungserzählung*). Die ältere Erzählung dagegen berichtet (in Gen 2,7), wie Gott den Menschen aus Erde vom Ackerboden formt; erst später schafft Gott auch die Pflanzen und Tiere. Dieser Mensch ist offensichtlich Mann, so daß Gott schließlich auch die Frau schafft und ihm zuführt als Hilfe, die ihm entspricht.

Vormoderne Bibelausleger haben die Widersprüche und Spannungen dieser beiden ursprünglich ganz verschiedenen Schöpfungserzählungen zu glätten versucht. Was ab Genesis 2,4 über die Entstehung von Adam und Eva erzählt wird, verstanden sie als ausführlichen Nachtrag zu der kurzen Notiz in Genesis 1,27, Gott habe den Menschen als sein Abbild und als Mann und Frau geschaffen. Die Erzählung von Adam und Eva in Genesis, Kap. 2 benutzten sie als Interpretationshilfe für etliche Fragen, die in Genesis, Kap. 1 nicht beantwortet werden: Wodurch wird der Mensch zum Abbild Gottes? Was bedeutet die Verschiedenheit von Mann und Frau? Warum beauftragt Gott den Menschen mit einer Sonderstellung über die sonstigen Geschöpfe?

Vulgata: lat. „die allgemein verbreitete" – Bibelübersetzung des hl. Hieronymus (347–419) in lateinischer Sprache, lange Zeit verbindlich.

In Genesis 2,7 wird nicht nur berichtet, daß Gott den Menschen aus Erde vom Ackerboden formt, sondern auch, daß er den Lebensatem in seine Nase bläst, so daß der Mensch zu einem Lebewesen wird. Im Latein der *Vulgata* jedoch wird der Mensch durch Gott nicht einfach zu einem Lebewesen, sondern zu einer *anima vivens,* zu einer lebend(ig)en Seele. Diese Übersetzung hat Folgen für die Interpretation mehrerer Jahrhunderte. Vom göttlichen Einblasen des Lebenshauches, der Gottes Erdgebilde zu einer *anima vivens* macht, wird in Genesis, Kap. 2 nicht für alle Geschöpfe, sondern nur für den Menschen berichtet. Diese Beobachtung veranlaßte etliche Ausleger dazu, genau hier nach dem spezifisch Menschlichen zu suchen: Das Besondere im Menschen ist seine Seele, die Gott selber ihm einbläst. Also muß die Seele etwas Göttliches sein, denn sie kommt von Gott und geht in den Menschen ein. Daß dieses Eingehen ausgerechnet durch ein göttliches Einblasen geschieht, erinnerte viele Ausleger zudem an das Wehen des Heiligen Geistes, so sahen sie sich in der Annahme von der Göttlichkeit der Seele bestätigt. Der Mensch ist nicht einfach eine lebendige Seele, sondern er bekommt sie gleichsam als Zugabe von Gott. Diese mehr heidnisch-griechische Vorstellung, der Mensch sei Leib und Seele bzw. genauer er habe eine Seele, die in ihn eingeht und beim Tod wieder aus seinem Leib austritt, ließ sich nun mit der biblischen Darstellung verbinden. Daß der Mensch als Abbild Gottes wie auch immer in Gott verwurzelt sei, enthält ja auch die Vorstellung in Genesis 1,27. Aber nun werden Genesis 1,27 und Genesis 2,7 verbunden: Der Mensch ist Abbild Gottes, insofern er eine Seele göttlichen Ursprungs hat. Sie ist es auch, die seine Vorrangstellung in der Schöpfung begründet.

Erdenlehm und Engelsglanz

Hildegard, die sowohl mit der lateinischen Bibel als auch mit ihren lateinischen Interpretationen vertraut ist, teilt diese Vorstellungswelt. Sie versteht Genesis 2,7 als biblische Aussage über eine göttliche Beseelung Adams, die den Menschen vor allen anderen Geschöpfen auszeichnet und ihn zum Abbild Gottes macht. Freilich ist schon die ganze Schöpfung Abbild Gottes: Sie kann ja auch gar nichts anderes sein, denn sie geht aus Gott, ihrem himmlischen Urbild, hervor. Im Menschen aber kommt die Abbildung Gottes in der Schöpfung noch einmal in besonderer Weise gleichsam auf den Punkt.

Der Mensch ist durch seine Entstehung aus Erdenlehm wie die übrige Schöpfung in materieller Hinsicht Abbild eines göttlichen, nicht materiellen Urbildes. Insofern ist der Mensch verwandt mit allen anderen Geschöpfen und auf sie bezogen. In *Scivias* findet sich daher die tiefe und schöne Überzeugung Hildegards, der Mensch könne, wenn in Todesgefahr kein Priester erreichbar sei, vor einem anderen Menschen beichten, wenn aber auch kein Mensch zu erreichen ist, vor den Elementen, und Gott werde diese Beichte annehmen (Scivias, S. 277). Immer wieder stellt Hildegard vielfältige Bezüge her zwischen den Körperteilen des Menschen im Kleinen und den Proportionen der Welt im Großen. Dem Aufweis dieser Bezüge zwischen *Mikro- und Makrokosmos* ist der ganze vierte Teil ihres Alterswerkes, des *Liber Divinorum Operum,* gewidmet. Hier finden sich etliche Kapitel, die den Menschen vom Kopf bis zu den Füßen beschreiben und in Beziehung setzen zu den vier Elementen, die in Flüssen und Winden, Pflanzen und Sternen am Werk sind. Nicht nur unter dem materiellen, sondern auch unter dem zeitlichen Aspekt ist der Mensch Mikrokosmos eines Makrokosmos: Seine verschiedenen biographischen Stadien verbindet Hildegard mit Monaten und Jahreszeiten. In dieser Grundüberzeugung von der Gottgewolltheit alles Materiellen, die Hildegard anhand der biblischen Schöpfungserzählungen entwickelt, unterscheidet sie sich zutiefst von den Katharern.

Der Mensch ist durch seine Seele jedoch zugleich mehr als die übrige Schöpfung. Hildegard sieht in der Seele des Menschen das Erbe Luzifers. In der Seele nämlich findet sich der Glanz des schönsten Engels wieder, den dieser verlor und den Gott aufbewahrte, um noch einmal ein besonders schönes Geschöpf damit zu schmücken. Dies geschieht nach Hildegards Auffassung, wenn sie in Genesis 2,7 liest, wie der Mensch durch Gottes Beatmung eine Seele erhält. Gottes Ratschluß, den Glanz Luzifers an den Leib aus Erdenlehm zu binden, läßt sich nun in der zweidimensionalen Beschaffenheit des Menschen als Leib und Seele wiederfinden. Der besondere Glanz Luzifers bestand in seiner besonderen Teilhabe an der göttlichen Erkenntnis. Gleiches gilt nun für den Menschen: Durch seine Seele ist der Mensch einer, der Gott erkennen kann. Er stammt aus Gott, aber er steht – wie Luzifer – Gott auch gegenüber. Gott möchte, daß der so ausgestatte Mensch sich nun auf die Kommunikation, die Gott begonnen hat, erkennend und antwortend einläßt.

In dieser Position ist der Mensch der Inbegriff aller Schöpfung, die er gleichzeitig weit überragt. Aber es wird auch deutlich, daß die durch die Seele bedingte Vorrangstellung des Menschen kein Freibrief ist für den menschlichen Umgang mit der Schöpfung. Vielmehr enthält sie den Auftrag, als Gottes erstes Geschöpf eine große Verantwortung wahrzunehmen.

Die Beseelung des Menschen im Mutterschoß

Menschenbilder fußen nicht nur auf Glaubenswahrheiten und Bibelinterpretationen, sondern immer auch auf dem naturwissenschaftlichen Erkenntnisstand ihrer Zeit. Den Leib des ersten Menschen im Paradies formt Gott aus Erde vom Ackerboden. Wie aber entstehen die Leiber der Menschen jenseits des Paradieses? Daß Ei- und Samenzelle zusammenfinden müssen, ist eine Erkenntnis, die noch nicht einmal 200 Jahre alt ist und sich dem Fortschritt in der Entwicklung von Mikroskopen verdankt. Im Mittelalter und noch lange darüber hinaus weiß man natürlich um den Samen des Mannes und seine wichtige Rolle beim Zustandekommen eines Menschenlebens, das Ei der Frau aber ist noch nicht entdeckt. Diese (einseitige) Beobachtung führt dazu, daß etliche Forscher – wie z. B. Aristoteles – davon ausgehen, der Samen des Mannes enthalte im Grunde bereits das Kind. So kommt es zu der Vorstellung, der Mann zeuge, während die Frau (nur) empfange, der Mann sei aktiv, die Frau aber passiv. Vorbild für diese Zeugungsbiologie ist die Erde, die den Samen aufnimmt und austrägt, während der spätere Baum schon vollständig im Samenkorn enthalten ist. Auch Hildegard ist mit dieser Tradition vertraut, wenn sie an vielen Stellen ihres Werkes die Frau mit der Erde und den Mann mit dem Sämann vergleicht.

Darüber hinaus kennt Hildegard noch eine andere, frauenfreundlichere Tradition, die ebenfalls aus der Antike stammt. Obwohl die weibliche Eizelle noch nicht bekannt ist, läßt sich beobachten, daß die Monatsblutung der Frau anscheinend etwas mit ihrer Fruchtbarkeit zu tun hat. So kommt es zu der Vorstellung, daß weibliches Blut und männlicher Samen zusammenfinden müssen, wenn ein Mensch entstehen soll. Hier ist die Frau mehr als passives Gefäß, denn sie verfügt wie der Mann über eine lebensspendende Körperflüssigkeit in ihrem Innern. Hildegard spricht daher dann auch von einem Samen der Frau, der sich mit dem Samen des Mannes vereint. Diesen Vorgang bezeichnet sie als *coagulatio,* als *Vermischung,* auch im Sinne von *Gerinnung,* denn zwei Flüssigkeiten werden durch Gerinnung fest und nehmen die Gestalt des Leibes an. Diese Vorstellung liegt der Vision von der Beseelung des Menschen im Mutterschoß zugrunde. Hildegard beschreibt verschiedene Menschen, die in Gefäßen Milch tragen und daraus Käse bereiten. Sie veranschaulichen, daß der Mensch auf die Gerinnung und Vermischung von männlichem und weiblichem Samen zurückgeht (Scivias, S. 69). In jedem Menschen sind gleichsam *Zutaten* von Vater und Mutter. So kommt es zur Bildung einer menschlichen Gestalt, die Hildegard im Schoß einer schwangeren Frau beschreibt. Aber diese voll ausgebildete menschliche Gestalt ist noch nicht lebendig, denn eine ganz wesentliche Zutat fehlt noch. Hildegard ist davon überzeugt, daß der Mensch sein Leben nicht nur Vater und Mutter, sondern letztlich Gott verdankt. Erst durch die Seele, die Gott dem ungeborenen Menschen mit auf den Lebensweg gibt, wird der Mensch lebendig. Diese Beseelung beschreibt Hildegard als Feuerkugel, die von Gott aus dem Himmel in die Gestalt des ungeborenen Menschen im Mutterschoß eingeht. Die Seele nimmt nun Besitz von der Menschengestalt, zuerst vom Herz, dann vom Gehirn und schließlich von allen

Gliedern des Leibes. Die Seele kommt von Gott, sie belebt und bewegt den Leib, nun spürt die schwangere Frau die „lebhaften Bewegungen" des Kindes in ihrem Schoß (Scivias, S. 71). In den Einzelschritten dieser Vorstellung läßt sich die Menschwerdung Adams aus Genesis 2,7 wiederfinden: Zunächst ist die Gestalt des Menschen da, sie entstammt „irdischen Zutaten". Erst durch die göttliche Beseelung wird sie zu einem lebendigen Wesen, gleichzeitig gibt Gott dem Menschen etwas Göttliches mit auf seinen Lebensweg. Die Feuerkugel der Seele nämlich entstammt einem hellen Glanz, „der wie mit vielen Augen aufflammte" (Scivias, S. 58) und Bild der göttlichen Erkenntnis ist. Hier läßt sich Hildegards Vorstellung vom Glanz Luzifers wiederfinden, den Gott für den Menschen aufgehoben hat und den er nun dem Leib aus Erdenlehm eingießt. Damit ereignet sich die Botschaft von Genesis 2,7 für jeden ungeborenen Menschen im Mutterschoß. Auch Hildegards große Distanz zum Menschenbild der Katharer läßt sich hier wiederfinden: Denn mit der Gabe der Seele bejaht Gott den Leib, und die Seele wirkt gerne mit dem Leib im Leben des Menschen zusammen.

Menschwerdung und Menschwerdung

Aber noch etwas steckt in diesem Glanz göttlicher Erkenntnis: Er enthält nämlich einen weiteren Glanz in der Farbe des Morgenrotes. Dieser Glanz nun verdeutlicht Gottes Ratschluß, in Christus Mensch zu werden (Scivias, S. 67). Der Ratschluß zur Inkarnation ist ja im uralten präexistenten Ratschluß Gottes enthalten. Wenn Hildegard die Herkunft der Seele nun in diesem Ratschluß Gottes festmacht, wird deutlich, daß die Menschwerdung des ungeborenen Menschen durch die Beseelung auf die Inkarnation hingeordnet ist: Wie in Christus Menschheit und Gottheit eine Einheit bilden werden, so umfaßt auch der Mensch zwei Dimensionen.
In diesem Sinne interpretiert Hildegard die Fleischwerdung des Wortes in Johannes 1,14: „So lebt (...) das Fleisch durch das

Leben, und nur durch das Leben ist es vollkommen Fleisch; und so ist das Fleisch mit dem Leben und das Leben mit dem Fleisch eins. Das war Gottes Absicht, als Er in Adam durch den Geisthauch, den Er in ihn sandte, Fleisch und Blut kräftigte. Denn schon damals achtete Er auf jenes Fleisch, mit dem Er sich umhüllen wollte, und liebte es mit brennender Liebe" (Wirken Gottes, S. 249). Dieser Gedanke entspricht dem schon bekannten Kommentar Hildegards zu Genesis, Kap. 1: Hier versteht Hildegard die Schaffung von Mann und Frau als Sinnbild für Seele und Leib, die beide von der Hypostatischen Union Christi gesegnet werden. Die Erschaffung des Menschen am sechsten Schöpfungstag ist hingeordnet auf das siebte Werk Gottes, den Sohn (Wirken Gottes, S. 331). Das Geheimnis des Menschen erschließt sich für Hildegard aus dem Glauben an die Menschwerdung Gottes in Christus.

Äußere und innere Sinne

Die Zweidimensionalität des Menschen als Lebewesen aus Leib und Seele bereichert Hildegard um einen dritten Aspekt, wenn sie sagt: „Drei Wege trägt der Mensch in sich. Welche? Seele, Leib und Sinne. Auf ihnen läuft das menschliche Leben ab. Auf welche Weise? Die Seele belebt den Leib und haucht ihm die Sinne ein. Der Leib zieht die Seele an sich und öffnet die Sinne, die Sinne aber berühren die Seele und ziehen den Leib an sich" (Scivias, S. 72). Im Zusammenhang dieses Miteinanders und Ineinanders kommt den Sinnen eine wesentliche Rolle zu, ja sie bilden gleichsam wichtige Verbindungsglieder zwischen Leib und Seele. Die Fähigkeit, mit den Sinnen die äußere Welt wahrzunehmen, verdankt der Menschenleib der Seele, die ihm diese Möglichkeit des Umgangs mit der Wirklichkeit eröffnet. Auch hier zeigt sich Hildegards große Distanz zur Weltverachtung der Katharer: Der Mensch soll sich nicht aller Sinnenfreude im Umgang mit der Welt enthalten, sondern ganz im Gegenteil seine fünf Sinne sinnvoll einsetzen. Durch sie ist er wunderbar ausgestattet „mit der Fähigkeit zum Sehen,

LEIB UND SEELE, MANN UND FRAU

Hören, Schmecken, Riechen und Ertasten, so daß der Mensch, in seinem Gefühlsleben angerührt, hellwach wird für alle Dinge" (Scivias, S. 75). Im Hintergrund steht Hildegards Schöpfungsoptimismus: Da die Schöpfung auf einen guten Gott zurückgeht, ergeht in der Wahrnehmungsmöglichkeit der Sinne eine erste Einladung an den Menschen, den Schöpfer in der Schöpfung zu entdecken: „Wenn Gott gut ist, warum willst du von seiner Güte nichts wissen (...)? Du hast doch Augen zum Sehen und Ohren zum Hören, ein Herz zum Nachdenken, Hände zum Wirken und Füße zum Gehen, so daß du dich mit deinem ganzen Körper erheben und niederstrecken, schlafen und wachen, essen und fasten kannst" (Scivias, S. 79, vgl. Ps 115,5–7). Sünde ist es, diese gottgegeben Fähigkeiten nicht einzusetzen, so wirft Gott den Menschen vor: „Seht ihr Mich denn nicht Tag und Nacht? Seht ihr Mich nicht, wenn ihr sät und wenn die Saat aufgeht, von Meinem Regen benetzt?" (Wirken Gottes, S. 133).

Mit diesem schöpfungstheologischen Aspekt der Sinne aber wird bereits deutlich, daß hinter Hildegards Sinnenfreude mehr steckt als nur ein innerweltliches Genießen. Eine solche Einseitigkeit weist Hildegard vor allem in mittleren Teil ihrer Trilogie, dem *Liber Vitae Meritorum,* zurück. Hier legt sie dem personifizierten Laster der Vergnügungssucht folgende Selbstdarstellung in den Mund: „Wieviel besser ist es doch, sich zu verlustieren statt Trübsaal zu blasen! (...) Der Himmel freut sich und jedes seiner Geschöpfe (...). Gott schuf ja die Luft, die mir so süßen Klang zuträgt. Frische Blumen läßt sie mir sprießen, eine Augenweide für mein fröhliches Herz. Warum sollte ich mich nicht an ihnen ergötzen?" (Lebensverdienste, S. 32). Ihr antwortet die Tugend der Schamhaftigkeit: „Du dienst einem Götzen, wenn du immer nur deinen Lüsten nachlebst. Ein toter Schall wirst du schließlich sein, gemacht von Menschenhand (...), da du nur das erhaschst, wonach dir der Sinn steht (...). Ich aber (...) suche Schutz unter den Flügeln der Cherubim. Mir werden in den Vorschriften der Schrift die Geheimnisse Gottes kund. Und so bin ich in himmlischen Dingen lauter Leben. Ich schaue mit den Augen der Unschuld, und allüberall bekomme ich in ehrbarer Haltung nach Gottes Willen das zu sehen, was du in blinder Unwissenheit fliehst" (Lebensverdienste, S. 33). Daß die Schamhaftigkeit hier von den Cherubim spricht, ist mehr als Zufall, denn sie erinnert die Vergnügungssucht an die Verwandtschaft des Menschen mit der Erkenntnis der Engel im Himmel. Die Vergnügungssucht hat diese Dimension der Wahrnehmung völlig ausgeblendet, sie sieht die Welt nur mit den äußeren Augen, insofern ist sie blind. Die Schamhaftigkeit aber sieht mehr: den Schöpfer in der Schöpfung, das Himmlische im Irdischen, den Sinn in den Sinnen.

Auch die Berufung auf die Schrift ist mehr als Zufall, ist Hildegard doch davon überzeugt, daß der innere Sinn der Schrift dem Menschen all das erschließt, was er zum Leben braucht. Hier tut sich ein tiefer Zusammenhang auf zwischen der Überzeugung von der Mehrdimensionalität der menschlichen Sinne und den Sinnen der Schrift: Die Schrift bezeugt Gottes Wort, indem sie im Rahmen des Literalsinns von einer äußeren historischen Begebenheit erzählt, im Rahmen der anderen Sinne aber auf den glaubenden, liebenden und hoffenden Menschen zielt. Ebenso ist der Mensch eingeladen, sich mit seinen Sinnen zunächst auf die äußere Wirklichkeit der Welt einzulassen, die ja ebenfalls aus Gottes Wort hervorgegangen ist. Die Sinne aber sind durchlässig für den Sinn, den Gott in seine Schöpfung gelegt hat: Wie die Schrift zielt auch die Schöpfung darauf, daß der Mensch erkennt, was Gott ihm eigentlich sagen will.

Diese vielschichtige Sensibilität ist jedem Menschen mit der Gabe der Seele aufgegeben. Von dieser allgemeinmenschlichen Anlage ausgehend, läßt sich auch noch einmal Hildegards Selbstverständnis als Empfängerin göttlicher Visionen und Auditionen erschließen. Es fällt nämlich auf, daß Hildegard für die Beseelung des Menschen genau dieselben Formulierungen wählt wie für die Schilderung ihrer eigenen Berufung: Beide beschreibt sie als Licht, das vom Himmel kommt und Herz und Gehirn erfaßt. Und wie die äußere Wahrnehmung des Menschen hingeordnet ist auf seine innere Erkenntnis, sind die Bilder in Hildegards visionärer Trilogie nicht Selbstzweck, sondern hingeordnet auf eine innere Bedeutung, nämlich auf die Einsicht dessen, was Gott mit der Schrift sagen will Hier wird deutlich, daß Hildegard offensichtlich ihre eigene Berufung nicht als esoterischen Zutritt zu ansonsten verborgenem Geheimwissen versteht. Sie wird vielmehr eingebettet in Gottes Plan mit jedem Menschen: Mit Sinnen und Seele ist jeder Mensch von Gott berufen, seinen Willen zu erkennen und zu tun.

Das Zusammenwirken mit den Tugendkräften

Läßt sich der Mensch mit seinen äußeren und inneren Sinnen auf die Kommunikation ein, die Gott in der Schöpfung und in der Beseelung initiiert hat, kann er nicht bei der reinen Erkenntnis stehen bleiben. Neben *audire* und *videre,* Hören und Sehen einerseits, innerem (Er-)Kennen und Wissen *(scire)* andererseits ist die *Kooperation* mit Gott ein weiterer Schlüsselbegriff in Hildegards Theologie. Die Kommunikation des Menschen mit Gott, die Luzifer schuldig blieb, geschieht in einem Dreischritt: sehen/hören – erkennen/wissen – handeln/wirken. Gott wirkt in sich selbst, und er wirkt in der Schöpfung. Der Mensch als erstes Geschöpf ist von Gott berufen, in seinem Handeln mit Gott zusammen zu wirken.

Mit der göttlichen Gabe der Seele verbunden sind daher Verstand *(intellectus)* und Vernunft *(ratio):* „Der Verstand ist in die Seele eingesenkt, wie der Arm zum Leib gehört (…). Er erkennt nämlich vor den anderen Seelenkräften, was in den Taten der Menschen steckt, ob sie gut oder böse sind, so daß man, von ihm gleichsam meisterlich beraten, alles versteht: denn er siebt alles, wie man auch den Weizen von allem Verderben reinigt. Er untersucht genau, ob etwas nützlich oder schädlich, liebens- oder hassenswert ist und ob es zum Leben oder zum Tod gereicht. Wie daher eine Speise ohne Salz geschmacklos ist, so sind auch die übrigen Seelenkräfte ohne den Verstand matt und einsichtslos" (Scivias, S. 72 f.). In der

Vernunft dagegen sieht Hildegard eine Stimme, die die Seele in den Verstand und in das (innere) Ohr des Menschen schickt (Scivias, S. 75).

Diese innere Stimme treibt den Menschen zum rechten Handeln und Wirken an. Aber auch hier ist der Mensch nicht alleine; nicht nur in seiner Erkenntnisfähigkeit, sondern auch in seiner Handlungsfähigkeit wird er von Gott getragen. Mit der Seele nämlich gießt Gott ihm die *virtutes* ein, mit denen der Mensch fortan in der Schöpfung in Kooperation mit dem Schöpfer am Werk sein soll. Das lateinische Wort *virtus* wird oft übersetzt mit Tugend; es ist jedoch verwandt mit *vis,* womit Kraft und Stärke bezeichnet werden. Die *virtutes* sind bei Hildegard sowohl göttliche Kräfte als auch menschliche Haltungen, die den Menschen auf seinem Lebensweg weiterbringen. Oft spielt Hildegard mit der lautlichen Verwandtschaft von *virtus* und *viriditas,* der Grünkraft, die überall in der Schöpfung auf den Schöpfer hinweist: Wie die Schöpfung durch Sonne, Regen und Wind im fruchtbaren Grün *(viriditas)* erscheint, so kann auch der Mensch fruchtbar werden, wenn er sich auf das Wirken der Tugendkräfte *(virtutes)* einläßt.

Hildegards Singspiel *Ordo virtutum* ist die szenische Umsetzung dieser Grundidee: Die Tugendkräfte umwerben die menschliche Seele und wollen sie zur Zusammenarbeit mit Gott gewinnen. Stärker jedoch läßt sich die Seele vom Teufel umwerben. Als sie erkennen muß, daß sie sich mit dieser Entscheidung nur selbst geschadet hat, bittet sie die Tugendkräfte um Hilfe. Nur in diesem Zusammenspiel gelingt es schließlich, den Teufel zu fesseln. Alleine vermag die menschliche Seele diesen Sieg nicht zu erringen, aber die Tugendkräfte wirken auch nicht automatisch. Sie sind dem Menschen zwar von Gott gegeben, aber sie wollen vom Willen des Menschen aktiviert werden und verfügen insofern über eine zweifache Natur: „Keine Tugend besteht nämlich aus eigener Lebenskraft, sondern sie ist nur ein leuchtendheller Schein, der von Gott her im Werk des Menschen aufstrahlt. Denn der Mensch wird mit den Tugenden gekrönt, weil sie das Werk des in Gott wirkenden Menschen sind *(opus operantis hominis in Deo).* Der

LEIB UND SEELE, MANN UND FRAU

Mensch wirkt nämlich mit ihnen und sie mit dem Menschen" (Scivias, S. 353f.). *Virtus* bezeichnet bei Hildegard also auch das, was theologisch ansonsten *Gnade* genannt wird. Hildegard verwendet den Begriff Gnade auffallend selten. Wenn sie Bibelstellen zitiert, in denen von der Gnade die Rede ist, greift sie das Wort *gratia* der Vulgata auf, ansonsten aber spricht sie von *virtus* und betont damit den doppelten Aspekt der Kraft, die Gott gibt und mit der der Mensch am Werk ist.

Die Tugendkräfte, die Hildegard im Rahmen ihres Kommentars zur priesterschriftlichen Schöpfungserzählung im *Liber Divinorum Operum* einführt, sind bereits bekannt: Unterscheidungskraft und Demut, Gottes- und Nächstenliebe, Weltverachtung und Gehorsam. Die Unterscheidungskraft, die *discretio,* ist in allen Werken Hildegards die grundlegendste Tugendkraft. Wie in den Sinnen eine Nahtstelle zwischen äußerer Wahrnehmung und innerer Einsicht festgemacht werden konnte, so bildet die *discretio* eine Nahtstelle zwischen Erkennen und Handeln, denn jeder Handlung geht ein Unter- und Ent-Scheiden, ein *dis-cernere* voraus. Die Tugendkräfte im *Ordo virtutum* reden die *discretio* als „Mutter" an, sie selber sagt über sich: „Ich bin die Unterscheidungskraft, Licht und Ordnung aller Geschöpfe bei der Entscheidung Gottes" (Lieder, S. 309).

Der Zusammenhang von Wahrnehmung und Erkenntnis einerseits, Handeln und Wirken andererseits wird in *Scivias* deutlich, wenn Hildegard die fünf Sinne des Menschen mit den fünf Tugendkräften Liebe zum Himmlischen, Zucht, Ehrfurcht, Barmherzigkeit und Sieg in Verbindung bringt (Scivias, S. 353). Auch die insgesamt 35 Tugendkräfte, die im *Liber Vitae Meritorum* auftreten und die ihnen entgegengesetzten Laster zurechtweisen, erinnern den Menschen immer wieder daran, daß er doch eigentlich erkennen und wissen müsste, was Gott von ihm will.

Bei der Vielzahl dieser Tugenden fällt es allerdings nicht immer leicht, inhaltlich ihren je eigenen Charakter auszumachen. So überschneiden sich Gotteserkenntnis und Gottesfurcht, Unterscheidungsgabe und Maßhaltung, Weltverachtung und Liebe zum Himmlischen. Man ahnt Hildegards Liebe am Gestalten und ihre Ader für dramatische Inszenierungen, wenn sie die Tugendkräfte als Allegorien auftreten und sprechen läßt. Letztlich geht es dabei immer um das selbe, verkörpern sie doch nur verschiedene Aspekte einer grundsätzlichen Kraft, die Gott dem Menschen gibt, damit der Mensch mit Gott zusammenwirken kann. Hildegard beläßt es bei diesem mehr werteorientierten, allgemeinen ethischen Ansatz. Wie andere monastische Theologen hat sie kaum Interesse daran, wie sich denn nun ganz konkrete inhaltliche Normen begründen lassen, mit denen der Mensch Gottes Willen umsetzen kann.

Mann und Frau

Neuplatonismus: letzte antike philosophisch-religiöse Schule, als deren wichtigster Vertreter Plotin gilt. In den Werken zahlreicher Kirchenväter kommt es zu einer Verbindung von biblischem Schöpfungsglauben mit neuplatonischem Gedankengut.

Plotin, 204/05–270, Philosoph der Spätantike. Das Wahre und Gute fließt über – *Emanation* – und bildet sich in mehreren Stufen geistiger und materieller Welten ab. Alles, was ist, hat in abgestufter Weise Anteil an dem Einen und strebt zu ihm zurück.

Das bisher Gesagte über Hildegards Menschenbild gilt ausnahmslos für Mann *und* Frau. Das ist im Rahmen mittelalterlicher Theologie nicht selbstverständlich, denn die genannte Interpretation von Genesis 1,26f. mit Hilfe von Genesis, Kap. 2 fällt in etlichen Fällen zu ungunsten der Frau aus. Auch in diesem Fall spielt die lateinische Übersetzung der Vulgata eine wesentliche Rolle. In der Einheitsübersetzung heißt es in Genesis 1,26: „Laßt uns den Menschen machen als unser Abbild, uns ähnlich." Die Vulgata versteht diesen Satz so: „Laßt uns den Menschen machen zu unserem Bild *(imago)* und unserer Ähnlichkeit *(similitudo)*". *Bild* und *Ähnlichkeit* sind Begriffe, bei denen manche neuplatonisch inspirierten Theologen des Mittelalters hellhörig werden, gehen sie doch davon aus, daß Gott sich in mehreren Stufen abbildet und es insofern eine größere Nähe und Ferne zum göttlichen Urbild gibt: Das *Bild* ist näher an Gott als die *Ähnlichkeit*. Da nun in Genesis, Kap. 2 erzählt wird, daß Gott zuerst den Mann, dann aber aus dem Mann die Frau schafft, liegt der Schluß nahe: Der Mann ist Bild Gottes, die Frau aber ist Bild des Mannes und daher (nur noch) Gott ähnlich. Insofern läßt sich die gesellschaftliche Unterordnung biblisch begründen. Unter dem Einfluß der aristotelischen Zeugungsbiologie, die das Kind vorrangig auf den Mann und seinen Samen zurückführt, erreicht diese Tradition in der Scholastik (vor allem der Dominikaner, weniger der Franziskaner), ihren Höhepunkt. Thomas von Aquin etwa meint, die Frau werde aufgrund dieser biblisch begründeten Über- und Unterordnung im Mutterschoß um einige Wochen später beseelt als der Mann, sie habe also weniger geistige und geistliche Anteile als der Mann.

> Eine Textsammlung und Auswertung von *Bild* u. *Ähnlichkeit* z. Zt. Hildegards findet sich in: R. JAVELET, *Image et ressemblance au XIIe siècle, de saint Anselme à Alain de Lille*. I. Textes. II. Notes, Paris 1967.

Solche Gedanken sind Hildegard ein Jahrhundert vor Thomas noch unbekannt, aber auch sie bricht nicht von der auf die Kirchenväter zurückgehenden Tradition von der Über- und Unterordnung von Adam und Eva aus. Im zitierten Brief an Papst Eugen III. stellt sie sogar einen ausdrücklichen Zusammenhang her zwischen der mangelnden Anerkennung ihres Buches *Scivias* und der Tatsache, daß dieses Buch „von einem armen Gebilde stammt, das [nur] aus der Rippe erbaut" ist (Briefwechsel, S. 30). Wenn sie außerhalb ihrer Briefe in ihrer theologischen Trilogie die biblische Botschaft von der Schaffung Adams und Evas auslegt, setzt sie jedoch eigene Akzente: Der Mann wird von Gott aus der Erde geschaffen, bedarf aber noch der Umwandlung in einen lebendigen Menschen aus Fleisch und Blut durch die Seele, die Gott ihm einbläst. Die Frau, die aus dem Fleisch dieses Mannes gebildet wird, ist von Anfang an Leib und Seele und bedarf der Umwandlung nicht (Wirken Gottes, S. 348). Die sekundäre Schaffung Evas also läßt sich auch als Vorzug der Frau vor dem Mann interpretieren.

> Zum Vorzug der sekundären Schaffung Evas bei anderen Autorinnen der Theologiegeschichte vgl. ELISABETH GÖSSMANN, *Theologische Frauenforschung* in: *Frauenstudien – Frauenforschung*. Hrsg. v. d. Zentraleinrichtung zur Förderung von Frauenstudien und Frauenforschung an der Freien Universität Berlin, 1983. S. 64–87.

Im Hintergrund solcher Überlegungen bei Hildegard steht der Glaube an die Menschwerdung Gottes durch einen Menschen, der nicht zufällig Frau ist: Gott nimmt in Christus seine volle Menschheit von einer Frau an, weil die Frau im Paradies anders als der Mann von Anfang an voller Mensch war. In diesem Sinne kann Hildegard die Frau dann auch als „Haus der Weisheit" bezeichnen, „weil in ihrem Wesen das Irdische wie das Himmlische zur Verwirklichung kommt. Auf der einen Seite ist durch sie ja der Mensch ins Leben getreten, auf der anderen Seite leuchten aber auch aus ihrem Wesen alle guten Werke in scheuer Keuschheit" (Lebensverdienste, S. 69). Hinter der Formulierung vom Irdischen und Himmlischen steht Hildegards Vorstellung von der Verwandtschaft des Menschen mit der Erde durch seinen Leib, mit dem Himmel durch seine Seele. Hinter der Weisheit steht niemand anderes als Christus, der im Schoß Mariens die volle Menschheit aus Leib und Seele annimmt.

Wie eine breite Tradition vor ihr sieht auch Hildegard in Adam sowohl ein Vorbild als auch einen Gegenpart Christi, Gleiches gilt für das Verhältnis von Eva und Maria. Da aber in ihrer Interpretation von Genesis, Kap. 2 erst die Frau im Unterschied zum Mann von Anfang an ein voller Mensch aus Leib und Seele, Irdischem und Himmlischem ist, kann Hildegard auch in Eva ein Vorbild Christi sehen, der in der Menschheit und der Gottheit seiner Hypostatischen Union ebenfalls Irdisches und Himmlisches umfaßt. Zudem wird Eva allein durch Gottes Handeln ohne menschliche Eltern aus Adam Mensch, hierin erkennt Hildegard einen Hinweis darauf, daß Christus jungfräulich aus Maria Mensch werden wird (Wirken Gottes, S. 363f.). Insofern kann nun auch Adam ein Hinweis auf Maria, Eva ein Hinweis auf Christus sein.

Letztlich umfaßt aber Christus als der Inbegriff des Menschen Männliches *und* Weibliches, Mann *und* Frau: „Als aber Gott den Menschen anblickte, gefiel er Ihm sehr, weil Er ihn nach dem Gewand seines Abbildes und nach Seinem Gleichnis geschaffen hatte, damit er mit dem vollen Ton seiner vernünftigen Stimme alle Wunderwerke Gottes verkünde. Der Mensch ist nämlich das vollkommene Wunderwerk Gottes, weil Gott durch ihn erkannt wird und weil Gott alle Geschöpfe seinetwegen erschaffen hat. Ihm hat er mit dem Kuß der wahren Liebe gestattet, Ihn durch seine Vernunft zu preisen und zu loben. Aber dem

LEIB UND SEELE, MANN UND FRAU

Menschen fehlte eine Hilfe, die ihm ähnlich war. Daher gab Gott ihm eine Hilfe, die Spiegelgestalt der Frau. In ihr war das gesamte Menschengeschlecht verborgen, das in der Schöpferkraft Gottes hervorgebracht werden sollte, wie er auch den ersten Menschen in der Macht seiner Schöpferkraft vollendet hatte. Mann und Frau sind miteinander so eng verbunden, wie es ein Werk durch das andere ist *[opus alterum per alterum]*. Denn der Mann würde ohne die Frau nicht Mann heißen, und die Frau würde ohne den Mann nicht Frau genannt. Die Frau ist nämlich Werk des Mannes und der Mann Anblick des Trostes für die Frau; und keiner von beiden könnte ohne den anderen sein. Der Mann bezeichnet die Gottheit des Gottessohnes, die Frau aber seine Menschheit" (Wirken Gottes, S. 229f.).

Wohltuend an dieser Darstellung ist das wechselseitige Aufeinander-Angewiesen- und Aufeinander-Bezogen-Sein von Mann und Frau: Wie Gott in sich einer ist, der wirkt, so soll der Mensch mit Gott zusammenwirken, aber er soll auch als Mann und Frau mit und in der Schöpfung zusammenwirken. Christus ist das große Ja Gottes zur Schöpfung und zum Menschen – und insofern auch zur menschlichen Geschlechterdifferenz.

Das Verhältnis von Mann und Frau ist für Hildegard im Gegensatz zu anderen mittelalterlichen Autoren keine Einbahnstraße. Da Eva aus Adam geschaffen wird, stammt die Frau vom Mann. Da aber Eva die Mutter des ganzen Menschengeschlechtes ist und jeder Mann aus einer Mutter hervorgeht, stammt auch der Mann von der Frau (Scivias, S. 22). Damit ist jedoch keinerlei Gleichberechtigung der Geschlechter im modernen Sinne verbunden, denn das gottgewollte Zusammenwirken der Geschlechter geschieht selbstverständlich im Rahmen einer Ordnung von Oben und Unten, an der auch Hildegard nicht grundsätzlich rüttelt. Hierarchie und Kooperation schließen einander nicht aus, Hildegard revolutioniert mit ihrer theologischen Aufwertung der Frau keinesfalls die gesellschaftlichen Verhältnisse.

Zu würdigen ist Hildegards Versuch, Mann *und* Frau in Christus Raum zu geben, so daß Christus wirklich den Menschen und nicht den Mann repräsentiert. Allerdings beinhaltet auch Hildegards Zuordnung von Gottheit und Menschheit zu Mann und Frau eine klare Hierarchie. Diese geschlechterübergreifende Christologie ist zudem keine Neuinterpretation Hildegards, sondern bei einigen Kirchenvätern und Theologen des 12. Jahrhunderts verbreitet. Sie findet sich vor allem in Interpretationen zum Hohenlied, das etliche Ausleger zu einer Rede von der weiblichen Seite Christi bewegt. In diesem Zusammenhang kann man z. B. von den Brüsten des Bräutigams lesen, aus denen die Barmherzigkeit Gottes quillt. Für Hildegard steht hinter der Vorstellung, daß die Frau Symbol der Menschheit Christi sei, das himmlische Urbild der *feminea forma,* die ja ihrerseits die Seite Gottes verkörpert, die nicht in der Transzendenz bleibt, sondern in Schöpfung und Inkarnation aus Gott heraustritt. In der Hypostatischen Union von Gottheit und Menschheit Christi läßt sich ein irdisches Abbild dieses himmlischen Urbildes wiederfinden: seine „männliche" Transzendenz und seine „weibliche" Immanenz.

> CAROLINE WALKER BYNUM, *Jesus as Mother, Studies in the Spirituality of the High Middle Ages,* 1982.

Die Katastrophe der Sünde

Der Mensch, den Gott sowohl im Paradies am Anfang der Heilsgeschichte als auch im Mutterschoß zu jedem Zeitpunkt der Heilsgeschichte so wunderbar ausstattet, hat es im Laufe seines Lebens nicht leicht, dieser wunderbaren Ausstattung gerecht zu werden. Hildegard führt diese Ambivalenz menschlicher Existenz auf den bereits skizzierten *Prolog im Himmel* zurück: Es ist von Anfang an zu erwarten, daß der Teufel neidisch auf den Menschen wird, wenn er entdeckt, daß nun der Mensch aus Erdenlehm Erbe des Glanzes Luzifers ist. In diesen Rahmen bettet Hildegard die Erzählung von der Schlange im Paradies aus Genesis, Kap. 3 ein. Die Schlange *(serpens)* ist im Lateinischen wie im Hebräischen ein Maskulinum, das macht es Hildegard umso leichter, in ihr eine Erscheinung des *Diabolus,* des Teufels, zu sehen.
Andere patristische und mittelalterliche Theologen finden in Genesis, Kap. 3 eine Bestätigung der Geschlechterhierarchie, die sie Genesis 1,27 und Genesis, Kap. 2 entnehmen: Der Mann ist das Bild Gottes, die Frau ist das Bild des Mannes und insofern nicht so nah an Gott wie der Mann. Das macht sie empfänglicher für die Einflüsterung der Schlange. Die Schuld der Frau am Sündenfall ist ein verbreitetes Thema in vielen Auslegungen zu den ersten Kapiteln der Genesis. Auch Hildegard muß erklären, warum sich der Teufel nun ausgerechnet zuerst der Frau zuwendet.

Die Schlange und die Frau

In *Scivias* erscheint Eva als wunderschöne weiße Wolke, die unzählige Sterne enthält, da sie das ganze Menschengeschlecht in ihrem Schoß trägt (Scivias, S. 20f.). Dieses Bild veranschaulicht den Namen, den der erste Mensch seiner Frau gibt und der in Genesis 3,20 als „Mutter aller Lebendigen" gedeutet wird. Außerdem macht Hildegard Eva hier zu einem Vor-

bild Abrahams, dem ja ebenfalls verheißen wird, seine Nachkommen würden zahlreich wie die Sterne am Himmel (Gen 22,17). Hier läßt sich Hildegards Interpretation vom Vorzug der sekundären Schaffung Evas wiederfinden, denn Eva und nicht Adam repräsentiert die ganze Menschheit, und genau dies wird ihr zum Verhängnis. Der Teufel erkennt, „daß sie die Mutter einer großen Welt sein werde" (Wirken Gottes, S. 29). Das will er aus Neid auf den Menschen verhindern, so kommt es zu der verhängnisvollen Begegnung von Schlange und Frau im Paradies: „Deshalb hauchte er [der Teufel] in jener Lichtregion eine strahlendweiße Wolke an, die von einer schönen Menschengestalt [Adam] ausgegangen war und unzählige Sterne enthielt. Denn an diesem lieblichen Ort machte er sich an Eva heran, die ein unschuldiges Herz besaß (...). Sie wollte er durch die verführerische Schlange zu Fall bringen (...). Er sah auch, daß Adam Eva so leidenschaftlich liebte, daß nach seinem Sieg über Eva Adam alles tun würde, was sie ihm sagte" (Scivias, S. 20f.). Der Hauch des Teufels, der die weiße Wolke Eva trifft, entstammt direkt der Hölle, die Hildegard als See beschreibt, aus dem stinkender Qualm und abscheulicher Nebel quillt, „der sich ausbreitet und etwas wie eine Ader berührt, die verführerisch ausschaut" (Scivias, S. 20): Die Schlange ist nichts anderes als eine Ader dieses teuflischen dunklen Sees. Das Anhauchen Evas durch die Schlange bildet das negative Gegenbild zum göttlichen Einblasen der Seele, das Adam in Genesis 2,7 erfährt und mit dem er Teilhaber an der göttlichen Erkenntnis wird. Außerdem bildet es das negative Gegenstück zum Wehen des Heiligen Geistes über Maria.
In den Bildern von der strahlendweißen Wolke einerseits, dem dunklen Nebel andererseits lassen sich nicht zufällig Elemente aus Hildegards Gestaltung des präexistenten Engelsturzes wiederfinden: Wieder geht es um den Glanz, der ursprünglich Luzifer auszeichnete und den Gott nun dem Menschen verliehen hat. Diesen Glanz, d. h. die Teilhabe des Menschen an der göttlichen Erkenntnis, will der Teufel aus Neid zunichte machen. Wie Luzifer bei seiner Revolte im Himmel den Glanz verlor, büßt nun auch der Mensch die Klarheit der Erkenntnis ein.

Auch der Mensch erfährt eine Verdunkelung, aber anders als Luzifer verliert der Mensch den göttlichen Glanz nicht völlig, denn Gott hat den Menschen ja von Anfang an so ausgestattet, daß er ihn erlösen kann, d. h. daß er ihm den ursprünglichen Glanz, die menschliche Teilhabe an der göttlichen Erkenntnis, wiedergeben kann. An anderer Stelle spricht Hildegard von dem Kleid, das vom Glanz des Himmels wiederstrahlt und das der Teufel dem Menschen raubt. Wenn nun Christus in der Menschwerdung das Kleid der vollen Menschheit annimmt, bekleidet er damit nicht nur sich selbst, sondern auch den Menschen, der damit seinen ursprünglichen Glanz wiedererhält (Wirken Gottes, S. 272f.).

Die Sünde: Verweigern von Erkenntnis und Kooperation

Dem Zusammenhang von Schöpfung, Sünde und Erlösung ist in *Scivias* eine eigene Vision gewidmet, die Hildegards Bild von der Beseelung des Menschen noch einmal aufgreift: Sie beschreibt eine Flamme, die einen Lehmklumpen erwärmt. „So wurde er zu Fleisch und Blut. Sie hauchte ihn an und es erhob sich ein lebendiger Mensch. Als das geschehen war, bot das leuchtende Feuer dem Menschen mittels der in sanftem Hauch glühend brennenden Flamme eine blendendweiße Blüte an; sie hing – wie Tau am Grashalm – an dieser Flamme. Der Mensch verspürte zwar ihren Duft mit der Nase, doch er verkostete sie nicht mit dem Mund, noch berührte er sie mit den Händen. Er wandte sich nämlich ab und fiel in die dichteste Finsternis, aus der er sich nicht mehr zu erheben vermochte" (Scivias, S. 104).

In diesen Sätzen steckt eine sehr eigenwillige Umgestaltung von Genesis, Kap. 3 durch Hildegard. Ihr Menschenbild ist ja ganz darauf angelegt, daß der Mensch Gott erkennen und im rechten Handeln mit ihm zusammenwirken kann. Aus dieser Perspektive ist es kaum einsehbar, warum Gott dem Menschen im Paradies verbieten sollte, vom Baum der Erkenntnis von

Gut und Böse zu essen. Ganz im Gegenteil sieht Hildegard in der Erkenntnis von Gut und Böse ja gerade die besondere Auszeichnung des Menschen durch Gott. Die Sünde kann für Hildegard nur darin bestehen, daß der Mensch von dieser besonderen Auszeichnung keinen Gebrauch macht. So kommt es zu der zitierten Vorstellung der weißen Blüte, die Gott dem Menschen anbietet, damit der Mensch sie pflückt und in sich aufnimmt. Wie schon Luzifer die Kooperation verweigerte, weigert sich nun auch der Mensch, das, was Gott ihm als Auszeichnung und Aufgabe anbietet, anzunehmen, und fällt in die Finsternis. Aus dem biblischen Baum der Erkenntnis, von dem der Mensch verbotenerweise ißt, wird bei Hildegard eine Blume der Erkenntnis, die der Mensch zu essen sich weigert.

Wenn Hildegard beschreibt, wie der Mensch zwar an der Blume riecht, ihren Geschmack aber verschmäht, ahnt man, daß im Hintergrund dieser Vorstellung eine etymologische Verwandtschaft steht: Das lateinische Verb für Riechen und Schmecken ist *sapere,* es ist verwandt mit *sapientia,* der Weisheit, die der Mensch zwar ahnt (er riecht ihren Duft mit der Nase), aber nicht wirklich in sich aufnimmt. Hinter der bruchstückhaften Annahme der Weisheit mit der Nase verbirgt sich außer der Verwandtschaft von *sapere* und *sapientia* die Formulierung von Genesis 2,7: Hier bläst Gott den Lebensatem in die Nase des Menschen.

Die Nase als Organ der besonderen Verbindung von Gott und Mensch spielt an einer weiteren Stelle in *Scivias* eine wichtige Rolle: Hildegard beschreibt den Lebensweg der menschlichen Seele, die es nicht leicht hat, das umzusetzen, was sie eigentlich ist: Teilhabe an göttlicher Erkenntnis. Durch die Nachstellungen des Teufels ist sie – analog zu Lukas, Kap. 15 – eine verlorene Tochter geworden und wendet sich schließlich klagend und bittend an ihre göttliche Mutter. Ihre Tränen sind das entscheidende Moment, in dem die unterbrochene Verbindung von Mensch und Gott wieder hergestellt wird: „Ich weinte bitterlich, weil ich meine Mutter verloren hatte, und bedachte all meinen Schmerz und all meine Wunden (…). Und plötzlich drang ein lieblicher Duft, wie ein Windhauch von meiner Mutter ausgesandt, an meine Nase. O wie viele Seufzer und Tränen entströmten mir da, als ich diesen kleinen Trost verspürte! (...) Und ich wurde durch diese Tränen so beglückt, als sähe ich meine Mutter" (Scivias, S. 60). Der duftende Windhauch erinnnert die Seele an die besondere Verbindung, die Gott durch das Einblasen der Seele mit jedem Menschen eingegangen ist. Diese Verbindung besteht in der Erkenntnis und in der Kraft zu wirken. Mit ihrer Hilfe gelingt es der Seele, den teuflischen Nachstellungen zu entkommen.

In ihrer Erklärung der anfangs zitierten Vorstellung vom Sündenfall verbindet Hildegard die Blume mit dem göttlichen Gesetz, das Adam empfängt: „Er zog die Gesetzesvorschrift mit einsichtiger Weisheit gleichsam mit der Nase ein, doch er nahm ihre Kraft zum innerlichen liebenden Umfangen nicht mit dem Mund vollkommen in sich auf, noch vollendete er sie im Werk der Hände, um zur Fülle der Seligkeit zu gelangen" (Scivias, S. 109). Hildegard nimmt den Menschen in seiner gottgewollten Handlungsfähigkeit ganz ernst: Die Sünde besteht weniger darin, daß der Mensch etwas tut, was verboten ist, sondern daß er das nicht tut, was von Gott von ihm will.

Verlorener und neuer Glanz

Die Finsternis, in die der Mensch durch die Sünde fällt, entwickelt eine Eigendynamik: Sie „wuchs und breitete sich in dieser Luftkugel mehr und mehr aus. Dann erschienen in dieser Finsternis in einem Glanz drei sehr große Sterne, und nach ihnen viele andere, kleine und große, in hellem Schein funkelnd, und schließlich ein riesengroßer Stern, der wunderbaren Glanz verbreitete und sich blitzend der erwähnten Flamme zuwandte. Doch auf der Erde erschien ein Licht wie die Morgenröte (...). Und ich sah aus dem Licht der Morgenröte einen ganz lichten Menschen hervorgehen; er goß seinen Glanz über die erwähnte Finsternis aus, wurde aber von ihr so zurückgestoßen, daß er, blutrot und erbleichend, die Finsternis mit so großer Kraft zurückschlug, daß der andere Mensch, der in

ihr darniederlag, durch diese Berührung sichtbar aufleuchtete und aufrecht aus ihr hervorging" (Scivias, S. 104f.).
Hildegard beschreibt hier, wie der Mensch im Verlauf der Heilsgeschichte erleuchtet wird, schließlich seinen Glanz zurückerhält und aufrecht aus der Finsternis hervorgehen kann. Die drei sehr großen Sterne sind die Erzväter im Glauben, Abraham, Isaak und Jakob, ihnen folgen in den vielen kleinen Sternen die Propheten. Der riesengroße Stern schließlich ist Johannes der Täufer, der Vorläufer des Erlösers, die Morgenröte bezeichnet die Jungfrau Maria, aus der der Lichtmensch Christus hervorgeht. Er nimmt den Kampf mit der Finsternis auf, wird aber zunächst von der Finsternis zurückgestoßen. Mit diesem Bild spielt Hildegard auf den Tod Christi am Kreuz an, erst der Sieg über den Tod hilft auch dem Menschen aus der Finsternis von Sünde und Tod (Scivias, S. 109ff.).
Die Rede von Licht und Dunkel ist in Hildegards Bildertheologie die wesentlichste Metapher, mit der sie das Geheimnis von Schöpfung, Sünde und Erlösung beschreibt. Sie variiert dieses Thema mit vielerlei Vergleichen: in der Rede vom Auge, das blind ist und wieder sehend wird, vom Stern, der seinen Glanz verliert und neu erstrahlt, vom Edelstein, der in den Schmutz fällt und gereinigt wird. Mit der Rede vom Licht ist immer die göttliche Erkenntnis gemeint, an der der Mensch gottgewollter Teilhaber ist, so daß er eigentlich wissen müßte, was Gott von ihm will.

Fruchtbare und verwüstete Schöpfung

Hildegard kennt aber noch eine Vielzahl weiterer Bilder. Ihr Vorliebe für die Grünkraft, die *viriditas,* wurde schon erwähnt. Gerne vergleicht Hildegard den Menschen mit der Erde, die fruchtbar ist im Grünen und Blühen. Mit diesem Bild berührt sie weniger den Aspekt des Erkennens, als vielmehr den des Zusammenwirkens mit Gott. Der Mensch kann und soll fruchtbar werden in der Kooperation mit den *virtutes,* den Tugendkräften, so macht er aus seinem Leben eine grünende, blühende

DIE KATASTROPHE DER SÜNDE

und duftende Erde. Es ist kein Zufall, daß Hildegard die Auswirkungen der Sünde in Bildern des Vertrocknens und Verwüstens beschreibt. Die Erlösung veranschaulicht sie im Bild der Blume Christus, die aus dem Reis der Jungfrau Maria wächst, alle Gewürze zum Duften bringt und dem ganzen Kosmos neue Grünkraft schenkt (Lieder, S. 287).

Wenn Hildegard den Menschen mit dem Symbol der Erde beschreibt, ist dies jedoch mehr als nur ein Vergleich, denn sie versteht den Menschen ja als Inbegriff der ganzen Schöpfung, als Mikrokosmos eines Makrokosmos. Daß die Schöpfung tatsächlich verwüstet und vertrocknet ist, hat sehr viel mit dem Menschen zu tun, der durch die Sünde seinerseits eine verwüstete und vertrocknete Schöpfung im Kleinen ist. Da die Kooperation zwischen Mensch und Gott nicht mehr stimmt, gerät auch die Kooperation des Menschen mit der übrigen Schöpfung aus dem Gleichgewicht. Daher hört Hildegard die Klage der Elemente – eine Stelle, die man heute nicht ohne Betroffenheit liest: „Wir können nicht mehr laufen und unsere Bahn nach unseres Meisters Bestimmung vollenden. Denn die Menschen kehren uns mit ihren schlechten Taten wie in einer Mühle von unterst zu oberst. Wir stinken schon wie die Pest und vergehen vor Hunger nach der wahren Gerechtigkeit." Ihnen antwortet Gott: „Mit Meinem Besen will ich euch reinigen und die Menschen so lange heimsuchen, bis sie sich wieder zu Mir wenden (…). Mit den Qualen derer, die euch verunreinigt haben, will Ich euch reinigen, sooft ihr besudelt werdet. Wer denn wäre Mir gewachsen? Doch nun sind alle Winde voll vom Moder des Laubes, und die Luft speit Schmutz aus, so daß die Menschen nicht einmal mehr recht ihren Mund aufzumachen wagen. Auch welkte die grünende Lebenskraft durch den gottlosen Irrwahn der verblendeten Menschenseelen (…). Jegliches Geschöpf strebt hin zu seinem Schöpfer und erkennt klar, daß nur Einer es hervorgebracht hat. Nur der Mensch ist ein Rebell" (Lebensverdienste, S. 133 f.). Hier wird deutlich, daß die Erlösung der durch die Sünde verwüsteten Schöpfung nicht so einfach und automatisch zu haben ist, sondern mit einer auch schmerzhaften Reinigung verbunden ist.

Auch wird der Unterschied zwischen Hildegards mittelalterlicher Überzeugung vom Menschen als Inbegriff der Schöpfung und manchem modernen anthropozentrischen Weltbild deutlich: Mensch und Elemente sind so miteinander verbunden, daß der Mensch als Gottes erstes Geschöpf eine große Verantwortung trägt. Mißbraucht er die Elemente, schadet er damit nur sich selbst.

Wunden und Heil-Kräfte

Daß der Mensch sich durch die Sünde selber großen Schaden zufügt, wird im Rahmen einer anderen Bildwelt deutlich, mit der Hildegard die Auswirkungen der Sünde beschreibt. Immer wieder finden sich bei ihr Formulierungen, die die Sünde mit Verwundung und Krankheit, die Erlösung dagegen mit Heil(ung) verbinden. Auch dies ist mehr als *nur* Bild, denn Hildegard führt wie andere Autoren des Mittelalters die Entstehung von Krankheiten auch kausal auf den Sündenfall zurück: Wäre der Mensch nicht aus dem Paradies vertrieben worden, wäre er von Sterblichkeit und Gebrechlichkeit jeder Art verschont geblieben. Für Hildegard sind die seelischen und körperlichen Leiden des Menschen sowohl Ausdruck als auch Folge des Sündenfalls, da die Sünde großes Leid über den Menschen bringt. In dieser Perspektive ist zunächst Eva und dann der Mensch überhaupt das beklagenswerte Opfer eines teuflischen Angriffs. Vor allem in den Mariengesängen Hildegards ist immer wieder von den Wunden Evas die Rede, die die Schlange ihr zugefügt hat. Auch die menschliche Seele im *Ordo virtutum* wird vom Teufel verwundet.

Die grundsätzlichste Verwundung, durch die der Mensch außerhalb des Paradieses krank wird, ist die Traurigkeit, die Melancholie. Von ihr befallen, leidet der Mensch an einem umfassenden Sinnverlust und großer Hoffnungslosigkeit. Er vergißt völlig, daß er mit einer besonderen Teilhabe an der göttlichen Erkenntnis ausgestattet ist. Hildegards große Menschenkenntnis wird spürbar, wenn sie im *Liber Vitae Meritorum*

DIE KATASTROPHE DER SÜNDE

die Seligkeit der Schwermut gegenüber sagen läßt: „Du bist geradezu süchtig auf Peinigung und willst wohl nichts anderes mehr. Gott will angerufen sein, und Seine Güte sollte man aufsuchen. Du mißgönnst dir dich selbst, da du nicht auf Gott vertraust. Von Gott forderst du nichts, weshalb du auch nichts findest" (Lebensverdienste, S. 93).

Mit der Präzision medizinischen Fachwissens legt die Tugendkraft der Gnade Gottes in *Scivias* ihre vielfältigen Bemühungen um den durch die Sünde verwundeten Menschen dar. So ergibt sich gleichzeitig ein äußerst anschauliches Bild mittelalterlicher Wundbehandlung: „Ich ekle mich nämlich nicht, schwärende Wunden zu berühren, die vom Unrat des Wurmfraßes – unzählige Laster, übler Geruch des schlechten Rufes und Siechtum der eingewurzelten Sündenbosheit – bedeckt sind. Ich wende den Blick nicht ab, ohne sie sanft zu schließen, zu der Zeit, da ich beginne, das verzehrende Übel der Bosheit herauszuziehen, d. h. wenn ich diese Wunden besehe und sie mit dem gelinden warmen Hauch des Heiligen Geistes berühre. Doch häufig setzt sich ein solches Übel unter einem alten Verband fest, so daß die Sünde im Herzen des Menschen brennt und glüht und so auch schmerzhafte Sündenwunden entstehen. So bilden sich als Gerinnsel dieser Unreinheit gleichsam Geschwülste und Beulen aus dem großen Schmerz der Würmer und dem im Verband eingehüllten Kot (…). Ich aber will diesen Menschen nicht verlassen, sondern ich möchte mit meinem Beistand und meinem Kampf für ihn streiten …" (Scivias, S. 467). Die Tugendkräfte, die Gott dem Menschen mit auf seinen Lebensweg gibt, erweisen sich auch als Heil-Kräfte, deren Hilfe der Mensch in Anspruch nehmen kann und soll, um von den Wunden der Sünde zu genesen. Ihren Ursprung haben sie in Gott bzw. Christus, dem großen Arzt und Heiland, den Hildegard wie viele Ausleger vor ihr mit dem Barmherzigen Samariter identifiziert (Scivias, S. 179).

Harmonie und Dissonanzen

Ein viertes Bild, das zugleich mehr als Bild ist, läßt sich in Hildegards Rede von Harmonie und Symphonie festmachen. Schon vor der Schöpfung ist der Himmel eine sehr harmonische Angelegenheit, in der die Symphonien der Engelschöre erklingen. Eine erste Störung erfährt diese Harmonie durch die Revolte Luzifers. Wenn Hildegard die Schöpfung als Abbild eines himmlischen Urbildes beschreibt, wird verständlich, daß die Schöpfung nun auch wieder eine großangelegte Harmonie ist, in der alles seinen Platz und seine Aufgabe hat: die Sterne auf ihren Bahnen, die Elemente, Tiere und Pflanzen, Herrscher und Untergebene, Männer und Frauen, Jungfräuliche und Verheiratete. Hildegard verwendet auffallend häufig das im Ursprung griechische Wort *symphonia,* denn sie legt Wert darauf, daß die gottgewollte Harmonie keine solistische Angelegenheit ist, sondern nur durch Kooperation, durch *symphonein,* Zusammen-Klingen entsteht.

Jeder Mensch ist in sich eine Symphonie, denn in ihm sollen Leib und Seele zusammenklingen. Dafür sorgt die erste Tugendkraft der *discretio,* die Unterscheidungsgabe, die ihn vor jedem Zuviel oder Zuwenig in der Sorge um Leib und Seele bewahrt. Diesen Zusammenhang von Maßhaltung und Harmonie legt Hildegard der Enthaltsamkeit in den Mund: „Ich schöpfe aus den Menschen das Maß, auf daß ihrem Leibe nichts fehle, daß er aber auch nicht zu üppig werde, vollgestopft von Speis und Trank und mehr als nötig wäre. Ich bin eine Zither, die in schönster Musik tönt und in ihrem guten Willen die Härte des Herzens durchdringt. Wenn nämlich der Mensch maßvoll seinen Leib pflegt, dann spiele ich in Fürbitte für ihn im Himmel auf der Zither; und solange sein Leib in Maßen durch die Nahrung erquickt wird, singe ich zur Harfe" (Lebensverdienste, S. 88). Auch kann und soll der Mensch in Kooperation mit den Tugendkräften dafür sorgen, daß sein Leben eine Symphonie im Einklang mit dem Willen Gottes wird. Das Zusammenwirken der verschiedenen Stände sowie von Männern und Frauen in der Kirche sollte sich eigentlich ebenfalls als Symphonie ereignen.

DIE KATASTROPHE DER SÜNDE

Mittelalterliche Wesensbestimmungen der Musik kennen den Dreischritt von der *musica mundana* (der Weltenmusik) über die *musica humana* (der menschlichen Musik) zur *musica instrumentalis* (der Intrumentalmusik). Diese Dimensionen der Musik lassen sich auch bei Hildegard wiederfinden: Die hörbare Instrumentalmusik ist Abbild und Ausdruck sowohl einer umfassenden kosmischen Harmonie als auch einer gesellschaftlichen Hierarchie. Der Sündenfall betrifft alle drei Dimensionen der Musik: Die Elemente geraten ebenso aus dem Gleichgewicht wie die gottgewollte Ordnung auf Erden. Das hat Konsequenzen für die mit Stimme und Instrumenten praktizierte hörbare Musik: Hildegard sieht einen Zusammenhang zwischen dem Sündenfall und der Entstehung der hörbaren Musik. Vor dem Sündenfall nämlich hatte Adam eine Stimme, die in Harmonie mit den Chören der Engel ertönte. Diese Harmonie verlor er. Zum Trost des aus dem Paradies vertriebenen Menschen aber verfaßten die Propheten des Alten Bundes Psalmen und Lieder und erfanden die Musikinstrumente (Briefwechsel, S. 238f.). Hildegard denkt hier vor allem an David, der als Autor der Psalmen gilt und der in der alten und der mittelalterlichen Kirche zu den Propheten gezählt wurde. Die Musik ist denn auch ein wichtiges Heilmittel für den von der Melancholie befallenen Menschen, denn sie erinnert ihn an die ursprüngliche Harmonie, die er mit der Sünde verloren hat. Im Hintergrund dieser Vorstellung steht die biblische Erzählung von Saul, der durch einen bösen Geist geplagt wird, den David durch sein Harfenspiel vertreibt (1 Sam 16,14–23).

Es ist kein Zufall, daß die Seele und die Tugendkräfte im *Ordo virtutum* singen, während der Teufel völlig unmusikalisch ist und nur ein störendes Gekrächze zustande bringt. Denn der Teufel ist der einzige in Gottes harmonischer Schöpfung, der für Dissonanzen sorgt und kein Interesse daran hat, daß der Mensch sich an das Paradies erinnert. Die hörbare Musik, die Hildegard komponiert hat, ist sowohl Widerklang himmlischer Harmonie als auch Therapie für den durch die Sünde erkrankten Menschen.

Nun hat Hildegard aber nicht einfach Instrumentalmusik im modernen Sinne komponiert, sondern einstimmige liturgische Gesänge, die vorrangig mit der Stimme, dem ersten Instrument des Menschen, erklingen. Das ist wichtig, denn in dieser Art von Musik sieht Hildegard eine Gegenwärtigsetzung der Inkarnation, mit der Gott den Menschen von der Sünde erlösen will. Wie der Mensch eine mikrokosmische Symphonie aus Leib und Seele ist, ist auch Christus in seiner Hypostatischen Union eine Symphonie aus Menschheit und Gottheit. Wie das Wort, das Gott ist und bleibt, sich in und durch Maria in die volle Menschheit kleidet, so kleidet sich im Sprechen und noch viel mehr im Singen das Wort in einen Tonleib. Wer singt, gibt dem Wort einen Leib und feiert so den Beginn seiner Erlösung. „Aus dir tönte alle Symphonie des Himmels", sagt Hildegard in einem Marienhymnus über die Inkarnation (Lieder, S. 225). Wenn Hildegard mit ihren Schwestern singt, geschieht dies zudem im Rahmen der Liturgie. Im abwechselnden Singen der Psalmverse und Antiphonen sowie der Strophen aus Hymnen und Sequenzen antworten die Schwestern einander wie die Chöre der Engel im Himmel und wie die Geschöpfe in ihrer ursprünglichen Ordnung auf Erden. Hier wird also im umfassenden Sinne das Heil gefeiert, das sich in Schöpfung und Heilsgeschichte ereignet, ja das Singen selber ist schon Gegenwärtigsetzung des Heils, das den Sängerinnen von Gott zugedacht ist.

Der Alte Bund

Gott zielt schon vor aller Schöpfung auf das Heil des Menschen. Als der Mensch in der Schöpfung in das Unheil fällt, läßt Gott nichts unversucht, um ihn zu retten. Dieses Bemühen Gottes beginnt für Hildegard nicht erst mit der Menschwerdung in Christus, sondern lange vorher: in der Zeit des Alten Bundes, die zwischen Sündenfall und Inkarnation liegt. Zum ersten Mal nach dem Sündenfall offenbart Gott seinen Heilsplan in der Rettung Noas vor der Sintflut (Scivias, S. 137): „Die Gerechtigkeit richtigen Handelns reicht nach dem Fall Adams – in Noe angedeutet – bis zum Jüngsten Tag; sie ist mit vielen Wundertaten ringsum gesichert, die Gott ohne Unterlaß durch die verschiedenen Zeiten hindurch an seinen Auserwählten unaufhörlich unter Beweis stellt. Dies geschah vorbereitend in Noe, sichtbar in Abraham und Moses und von seinem Sohn ins Werk gesetzt" (Scivias, S. 548).

Abraham und Mose

In Genesis 17,11 wird erzählt, wie die Beschneidung zum Zeichen des Bundes zwischen Gott und Abraham wird. Das lateinische Wort für Zeichen, *signum,* hat bei Hildegard und anderen lateinisch schreibenden Autoren nicht selten auch die Bedeutung von *Sakrament,* denn es geht nicht nur um ein äußeres Zeichen, sondern um eine innere Wirklichkeit. Hildegard versteht die Beschneidung als wirksames Zeichen dafür, daß der Mensch zu Gott gehört und nicht nur ein leibliches, sondern auch ein geistiges Leben führt – daß er sich eben auf jenen Bund eingelassen hat, den schon Gott mit Abraham schloß. Im Alten Bund will Gott mit dem wirksamen Zeichen der Beschneidung den verlorenen Menschen an sich binden, er will ihn wieder zur Kooperation gewinnen. Im Neuen Bund geschieht dies durch die Taufe, deren Vorbild die Beschneidung ist. Die Beschneidung wird nicht einfach von der Taufe abgelöst, sie geht vielmehr auf die Taufe über (Scivias, S. 89). In dieser Integration erfährt die Beschneidung eine Wandlung und Ausweitung: War die Beschneidung die Kennzeichnung eines einzigen Gliedes, wird der Mensch in der Taufe in allen Gliedern gekennzeichnet (ebd.). Bezog sich die Beschneidung auf ein einziges Volk und in diesem nur auf die männlichen Nachkommen, geschieht in der Taufe die Beschneidung von Frauen und Männern aller Völker (Scivias, S. 143).

Der Gesetzgeber Mose ist nach Abraham ein weiterer wichtiger Vertreter des Alten Bundes. Daß Hildegard die Sünde weniger in einem Tun, als vielmehr in einem Nichttun festmacht, läßt ahnen, warum ihr das Gesetz so wichtig ist: Nach dem äußeren Zeichen der Beschneidung ist es nun die ganz ausdrückliche Einladung Gottes an den Menschen, mit ihm zusammenzuwirken. Hildegards Wertschätzung des Gesetzes geht so weit, daß sie sogar Verständnis für Paulus aufbringt: Vor seiner Bekehrung habe er die Christen ja nicht aus Haß, sondern nur aus Liebe zum Gesetz verfolgt (Wirken Gottes, S. 420), an dieser Liebe nun konnte der Heilige Geist vor Damaskus anknüpfen.

Im dritten Teil von *Scivias* beschreibt Hildegard ein Gebäude aus mehreren Teilen. Es verdeutlicht die Einheit des göttlichen Heilswillens im Alten und im Neuen Bund und steht auf vier Grundsteinen. Noa, Abraham und Mose sind die ersten drei Grundsteine dieses Gebäudes, das Gott zum Heil des Menschen errichtet, den vierten Grundstein bildet schließlich die Dreifaltigkeit (Scivias, S. 330f.). In diesem Gebäude gibt es einen Turm, in dem Hildegard ein Bild der Beschneidung sieht, die Gott Abraham zum Heil der Menschen gab. In diesem Turm der Beschneidung sind bereits fünf Tugendkräfte am Werk, die den Menschen zur Kooperation mit Gott einladen: die Liebe zum Himmlischen, die Zucht, die Ehrfurcht, die Barmherzigkeit und der Sieg.

Auch dem Gesetz kommt eine tragende Funktion in diesem Heilsgebäude zu: Hildegard beschreibt es im Bild der Mauer, die den Alten und den Neuen Bund verbindet. Viele Tugendkräfte sind hier am Werk: die Enthaltsamkeit, die Freigebigkeit,

die Frömmigkeit, die Wahrheit, der Friede, die Seligkeit, natürlich die Unterscheidungsgabe und schließlich die Erlösung der Seelen. Sie alle wollen den Menschen dazu gewinnen, mit ihnen und damit mit Gott zusammenzuwirken.
Vor Christus ergeht diese Einladung durch die Beschneidung und das Gesetz, mit der Menschwerdung aber ist Christus die Person gewordene Einladung Gottes an den Menschen, mit Gott zusammenzuwirken. Deshalb kann Hildegard Christus selber als das Gesetz bezeichnen (Wirken Gottes, S. 414). Christus ändert nicht den Inhalt, wohl aber die Form des Gesetzes: Er wandelt es von einer ungekochten und ungesalzenen in eine angenehme Speise (Scivias, S. 402) und erschließt in seiner Person vor allem den inneren Kern des Gesetzes.

Die Propheten

Neben Abraham und Mose, Beschneidung und Gesetz sieht Hildegard im Wirken der Propheten ein weiteres wesentliches Element des Heilsplanes Gottes vor Christus. Ein Prophet oder eine Prophetin ist für Hildegard jemand, der oder die Gott sieht und von diesem Sehen redet. In diesem Sinne versteht Hildegard sich selber als Prophetin, die in ihren Visionen etwas Göttliches schaut und es verkündet, indem sie Bücher und Briefe für die Menschen ihrer Zeit schreibt. Auch die Propheten der Bibel sind Menschen, die Gott schauen und davon reden.
Innerhalb des Heilsgebäudes gibt es eine dreieckige Säule, die das Wort Gottes bezeichnet. Dreieckig ist sie, weil das Wort Gottes dreifach zu den Menschen kommt: im Alten Testament, im Neuen Testament und in der Auslegung der ganzen Heiligen Schrift (Scivias, S. 373). An der alttestamentlichen Seite ist diese Säule ganz mit Zweigen bewachsen. Auf ihnen sitzen in der zeitlichen Reihenfolge ihres Wirkens: Abraham, Mose, Josua und die übrigen Propheten. Sie blicken auf den Neuen Bund und reden staunend über die Menschwerdung (Scivias, S. 375).

Hier wird überdeutlich, daß Christus für Hildegard der Schlüssel für den Umgang mit der Schrift ist. Denn die gesamte Schrift bezeugt Gottes Wort, und Gottes Wort ist die Seite Gottes, die in der Schöpfung aus Gott heraustritt und in Christus Fleisch wird. Insofern kann auch das Alte Testament gar nichts anderes zum Gegenstand haben als Christus, das Wort Gottes. Das Sehen und Reden, in dem Hildegard prophetische Tätigkeiten festmacht, geschieht jedoch im Alten Bund anders als im Neuen: Die alttestamentlichen Propheten können Christus nur verborgen sehen und verschlüsselt von ihm reden.

Dieses verborgene Sehen Christi im Alten Bund verdeutlicht Hildegard in ihrer Auslegung von Exodus 33,18–23: Gott gibt der Bitte Moses, ihn sehen zu dürfen, nach, indem er ihn heißt, sich in einen Felsspalt zu stellen. Hier legt Gott seine Hand auf Mose, um ihn vor seiner Herrlichkeit zu schützen, die der Mensch nicht ertragen könnte. Erst als Gott vorübergegangen ist, kann Mose von hier aus den Rücken Gottes sehen, nicht aber sein Angesicht. Für Hildegard ist Mose die Personifikation des Alten Bundes, der die Inkarnation gleichsam von hinten schaut (Scivias, S. 155 f.). Erst im Neuen Bund wird es möglich sein, im Menschgewordenen das Angesicht Gottes zu sehen. Aber auch diese Sichtweise ist nicht eindeutig und selbstverständlich, sie steht nur den Glaubenden offen. Glauben heißt hier: die Gottheit in der Menschheit Christi erkennen. Da die Propheten die Menschwerdung noch nicht vollständig sehen konnten, geschah auch ihr Reden vom Wort Gottes „gleichsam als Schatten" (Wirken Gottes, S. 279).

Ähnlich interpretiert Hildegard die alttestamentliche Stelle Jesaja 42,14, hier vergleicht sich Gott sich mit einer gebärenden Frau, die zu schreien beginnt. Hildegard sieht in der gebärenden Frau die Prophetengabe, die erst nach Christus offen von dem redet, was vorher in ihr verborgen war. In diesem Zusammenhang legt Hildegard den Propheten des Alten Bundes folgende Aussage in den Mund: „Oh, oh, oh, wir sehen nicht vollkommen, was wir sagen; trotzdem wissen wir, daß Gott es zu Seiner Zeit offenbaren wird. Und so hielten sie geduldig aus, indem sie es dem Wissen Gottes anvertrauten" (Wirken

Gottes, S. 294). In der Geburt Christi aus Maria wird aus diesem unvollkommenen Sehen und Reden eine offene Verkündigung. Hildegard sieht Maria als Prophetin, die in aller Klarheit das Wort zur Welt bringt (Lieder, S. 221).

Fruchtbare Erde und Mutter der Menschwerdung

Das Wort Gottes, das sich im Neuen Bund dem glaubenden Sehen erschließt, ist im Alten Bund bereits vorhanden, aber verborgen. Der Neue Bund zeichnet sich gegenüber dem Alten nicht durch ein inhaltliches Mehr aus, sondern das Neue meint eine andere Art und Weise, in der das Wort sich den Menschen darbietet. Die symbolische Farbe, mit der Hildegard den Neuen Bund verbindet, ist daher vor allem das Gold (Lebensverdienste, S. 86). Der Alte Bund ist nun keineswegs eine dunkle oder farblose Angelegenheit. Ganz im Gegenteil beschreibt Hildegard ihn in der für sie so wesentlichen Farbe der Grünkraft, mit der Gott überall in der Schöpfung am Werk ist: „Wie nämlich die Erde alles Grün sprießen läßt, so wies der Alte Bund allen Samen und jede Blüte der zukünftigen Ausgeglichenheit auf" (Lebensverdienste, S. 99). In diesem Sinne kann Hildegard dann auch das Alte Testament mit dem Winter, das Neue mit dem Sommer vergleichen – nicht, weil das Alte gegenüber dem Neuen dunkel und leer wäre, sondern weil die Grünkraft des Sommers vollständig im Winter vorhanden, aber nicht offenbar ist (Wirken Gottes, S. 437).

Im Hintergrund der Rede von der Grünkraft des Alten Bundes steht eine Bibelstelle, die vor allem in der darstellenden Kunst des Mittelalters mit Ästen und Zweigen, grünen Blättern und einer Blüte verbunden wird: In Jesaja, Kap. 11 ist vom *Reis* die Rede, das aus dem Baumstumpf Isais wächst und Frucht bringt, auf ihm läßt sich der Geist des Herrn mit seinen sieben Gaben nieder. Diese Bibelstelle wird schon von etli-

Reis, lat. *virga*, das an *virgo*, die Jungfrau erinnert. Im alten Weihnachtslied *Es ist ein Ros entsprungen* ist urspr. das *Reis*, ein Zweiglein, gemeint (und keine Rose). Es steht für Maria und erblüht im *Blümelein* Christus.

chen Kirchenvätern als Voraussage der jungfräulichen Menschwerdung Christi in Maria verstanden: Auch Christus ist ja als Nachfahre Davids ein Sproß aus dessen Vater Isai, er ist die Frucht, die das Reis Maria, die ja ebenfalls aus dem Hause Davids stammt, durch das Wirken des Heiligen Geistes hervorbringt. Diese Interpretation veranlaßte etliche Künstler dazu, einen Stammbaum Jesu darzustellen, der aus der Wurzel Jesse (= Isai) wächst, während auf seinen vielen Ästen und Zweigen die alttestamentlichen Vorfahren Jesu sitzen, bis er schließlich im Reis Maria mündet, die Christus als Blüte oder Frucht hervorbringt.

Scivias entsteht im Kontext des 2. Kreuzzugs und von Judenprogromen der Bevölkerung, während Kaiser und Kirche sich offiziell für die Juden aussprechen. Auch Bernhard von Clairvaux bezieht bei seiner Werbung für einen zweiten Kreuzzug eindeutig Position gegen antijüdische Ausschreitungen.

Die Tugendkräfte, die im *Ordo virtutum* auftreten, bezeichnen die Patriarchen und Propheten als „Heilige des Alten Bundes", ihnen antworten die so Angeredeten: „Wir sind die Wurzeln, ihr seid die Zweige. Früchte seid ihr des lebendigen Auges" (Lieder, S. 301). Der Alte Bund entfaltet sich zum Neuen Bund, Hildegards Rede vom Neuen Bund enthält immer auch eine bleibende Wertschätzung für die alte Wurzel, der er sich verdankt. Dieses Bild entstammt dem Ölbaumgleichnis in Römer 11,17. Hier vergleicht Paulus die Heidenchristen mit wilden Ölzweigen, die in einen edlen Ölbaum eingepfropft wurden und so Anteil an der Kraft der alten Wurzel Israels erhalten. *Alt* ist daher bei Hildegard eine ganz positive Qualität im Sinne des Altehrwürdigen.

Auch in diesem Punkt widerspricht sie der Auffassung der Katharer, die das Verhältnis von Altem und Neuem Testament mit ihrer dualistischen Weltsicht verbinden: Das Alte Testament entspricht der bösen Materie, das Neue dem guten Geist. Aufgrund ihrer *doketistischen Christologie* leugnen sie auch die menschliche Herkunft Christi aus dem Alten Bund. Hildegard dagegen legt großen Wert darauf, daß zur vollen und wahren Menschheit Christi seine Herkunft aus dem jüdischen Volk gehört, die Menschheit Christi wurzelt in all den altehrwürdigen Patriarchen und Propheten, die ihn in der schon im-

Doketismus: von griechisch *dokein* = scheinen, die Irrlehre, Gott sei in Christus nicht wirklich Mensch geworden, sondern er habe nur einen Scheinleib angenommen.

DER ALTE BUND

mer von Gott begleiteten Menschheitsgeschichte erahnten. Die Synagoge, die in *Scivias* als Frau erscheint, heißt darum ausdrücklich „Mutter der Menschwerdung des Sohnes Gottes". Sie ist ein Vorbild Mariens (Scivias, S. 86). Schwanger ist sie mit dem Wort Gottes, das Fleisch werden will. In ihrem Schoß erkennt Hildegard die Propheten des Alten Bundes, die verborgen vom Wort Gottes reden. Auch die Synagoge ist ein irdisches Abbild der himmlischen *feminea forma,* die Gottes Ratschluß verkörpert, sich in Schöpfung und Geschichte zu zeigen. Sie erscheint in der Größe eines Stadtturmes und steht damit im Verweiszusammenhang mit dem Himmlischen Jerusalem, in dem Gott einmal ohne alle Vorbehalte sein Heil zeigen wird. Geschmückt ist sie mit einem Stirnreif, der der Morgenröte gleicht. In ihm erkennt Hildegard einen Hinweis auf Adam, mit dem der Alte Bund begann, und der ganz wunderbar ausgestattet war mit der Erkenntnis, Gottes Willen zu tun (Scivias, S. 88).

Schuld und Erlösung der Synagoge

Hildegard empfiehlt, ihr Bild von der Synagoge in *Scivias* von oben nach unten zu lesen, denn vom Kopf bis zu den Füßen verkörpert die Synagoge den Alten Bund in verschiedenen Abschnitten der ganzen Heilsgeschichte. Vom Kopf bis zum Nabel erscheint sie in einer fahlen Farbe, die das *Schon-da* aber *Noch-nicht-offen-da* des Heils verdeutlicht. Sie hat keine Augen – was in Hildegards Erklärung keinesfalls bedeutet, daß die Synagoge blind wäre, sondern daß sie (noch) nicht richtig sieht. In ihrer Brust trägt sie Abraham, in ihrem Herzen Mose und in ihrem Schoß die übrigen Propheten. Ihre Hände hält sie in den Achselhöhlen und weigert sich, den Altar Gottes zu berühren.

Hier nun ist jener Abschnitt der Heilsgeschichte erreicht, in dem die Synagoge Christus begegnet. Die Schuld der Synagoge gleicht der Schuld Adams, der zwar an der Weisheitsblume riecht, aber sich weigert, sie mit den Händen

In 2 Kor 3,13 ist von der Hülle, die Mose über sein Gesicht legte und die bis heute über dem Alten Bund liege, die Rede. Daher trägt die Synagoge in vielen Darstellungen (z.B. im Bamberger Dom) eine abnehmbare Augenbinde. Dahinter steckt die Überzeugung, die auch Hildegard teilt: Sie werde am Ende der Zeit ohne Schleier Christus sehen.

> In der Rede von der Schuld der Juden ist Hildegard Kind ihrer Zeit. Diese Sicht stellt ein sehr verhängnisvolles und belastendes Erbe im Verhältnis von Christen und Juden dar und ist aufgrund der Ergebnisse der Bibelwissenschaften über die historischen Umstände des Todes Jesu heute nicht mehr haltbar.

anzunehmen. Auch die Schuld der Synagoge gestaltet Hildegard nicht als Tun, sondern vielmehr als Nicht-Tun: Sie nimmt Christus nicht an und fällt in tiefste Dunkelheit. Daher ist ihre untere Leibeshälfte vom Nabel bis zu den Füßen schwarz, ihre Füße sind rot vom Blut Christi. Die Schuld der Synagoge erweist sich bei der Einbettung in das Gesamt der Theologie Hildegard jedoch nicht als etwas spezifisch Jüdisches, sondern im Grunde als etwas zutiefst Menschliches. Hildegard läßt im weiteren Verlauf von *Scivias* zudem keinen Zweifel daran, daß sich diese Tragödie von göttlicher Bestimmung und menschlicher Verweigerung nicht nur an Adam, Eva und der Synagoge ereignet, sondern auch an den Söhnen und Töchtern der Kirche.

Auch für die Synagoge ist damit das letzte Wort noch nicht gesprochen: Am Ende stehen nicht die blutroten Füße, sondern die leuchtend reine Wolke, Hinweis auf Verheißung und Leben. Die blutroten Füße, die die leuchtend reine Wolke umgibt, sind Sinnbild der *felix culpa,* der *glücklichen Schuld:* Aus dem Rot des Blutes wird das Weiß der Erlösung (vgl. Offb 7,14). In Hildegards eigener Bildwelt erinnert die Wolke zudem an die in *Scivias* vorangegangene Darstellung der Schaffung Evas als weißer Wolke, schwanger mit unzähligen Sternen.

Ebensowenig wie der Mensch aufgrund seines Nicht-Tuns ewig verloren ist, wird die Synagoge endgültig verstoßen. Wie Adam, der zumindest an der Weisheitsblume riecht, hat auch die Synagoge einen Anfang im Erkennen und im Zusammenwirken mit Gott, eben jene von Hildegard immer wieder gepriesene Zeit zwischen Adam und Christus. Daher verliert die Synagoge auch nicht ihren Stirnreif, der in der Farbe der Morgenröte glänzt. Die Erlösung durch Christus kommt unbedingt auch der Synagoge zugute (Scivias, S. 89). Hildegard ist davon überzeugt, daß die Synagoge nur vorübergehend wie mit Blindheit geschlagen ist, am Ende der Zeit, wenn Gottes Heil ohne jeden Vorbehalt für alle sichtbar wird, wird auch die Synagoge Christus (an-)erkennen können.

Christus und die Kirche

Wie die Synagoge tritt auch die Kirche in *Scivias* als Frau auf. Im Gegensatz zur Synagoge benutzt die Kirche ihre Arme und Hände, denn sie berührt den Altar Gottes, d. h. für Hildegard, sie läßt sich in Christus auf die Kooperation mit Gott ein. Das Zusammenwirken mit Gott bleibt jedoch auch in der Zeit der Kirche unvollkommen, daher sieht Hildegard die Kirche nicht ganz, sondern nur ihren Rumpf. Die Beine und Füße der Kirche finden sich erst in Hildegards Visionen vom Ende der Zeit.

Die jungfräuliche Mutterschaft der Kirche

Hildegard beschreibt die Kirche als Frau, die ständig schwanger ist und von sich selber sagt: „Ich muß empfangen und gebären" (Scivias, S. 132). Ihr Leib gleicht einem riesigen Netz mit vielen Öffnungen. Durch diese Öffnungen gehen schwarze Kinder in den Leib der Kirche ein. Die Kirche empfängt diese Kinder, zieht sie nach oben und gebiert sie mit dem Mund. Unterwegs aber verlieren die Kinder durch das Wirken der Dreifaltigkeit ihre schwarze Haut, mit weißen Gewändern und in hellstrahlendem Licht gehen sie aus dem Mund der Kirche hervor. Mit diesen Bildern hat Hildegard natürlich die Taufe im Blick, die mit dem Aussprechen der Dreifaltigkeitsformel die Kinder von der dunklen Macht der Erbsünde befreit, das weiße Taufkleid verdeutlicht ihre Wiedergeburt aus Gott.
Das Bild vom Netz, das den Leib der Mutter Kirche bildet, erinnert an den Menschenfischer Christus, der in der Mutterschaft der Kirche am Werk ist und mit seinem Netz die Menschen für das Heil fangen will (Scivias, S. 130 f., vgl. Mt 4,19). Was Christus auf Erden tat, geschieht nach ihm durch die Kirche. Die weibliche Gestalt der Kirche ergibt sich für Hildegard daraus, daß ja auch Christus auf Erden die weibliche, d. h. erbarmende, sich in die Immanenz hinabbegebende Seite Gottes verkör-

perte. Da die Kirche Leib Christi ist (vgl. 1 Kor 12,27) verleibt sie sich die Menschen, die das Heil suchen, gleichsam ein. Die Wiedergeburt aus dem Mund entläßt den getauften Menschen nämlich keinesfalls aus der Kirche, ganz im Gegenteil ist er nun ihrem Wort und ihrer Weisung unterstellt. Während die Kirche die Täuflinge durch ihren Mund gebiert, spricht sie zu jedem von ihnen Worte der Ermahnung. Im Reden der Kirche, die Christus gegenwärtig setzt, wird daher Christus selbst hörbar: „Er mahnt nämlich mit den Worten der Wahrheit, die altgewohnte Bosheit abzulegen und das neue Geschenk der Gnade zur Rettung anzunehmen" (Scivias, S. 135).

In der Kirche fühlt Christus sich zuständig für seine Glieder, Hildegard vedeutlicht diese Bestimmung der Kirche mit Bildern mütterlicher Fürsorge und Erziehung: Aus den Brüsten der Kirche können die Menschen die Muttermilch des wahren Glaubens saugen (Scivias, S. 141). Wie einem Kind, das nicht kauen kann, die Nahrung zerkleinert wird, sollen auch gläubige Lehrer dem Menschen den katholischen Glauben schmackhaft machen, ohne den er zugrundegeht wie der Säugling ohne Nahrung (Scivias, S. 146).

Diese heilsame Fürsorge der Kirche in der Tätigkeit ihrer Amtsträger setzt voraus, daß die Kirche selber erfüllt ist vom wahren Glauben. Daher ist die Mutter Kirche für Hildegard Jungfrau, ihre Jungfräulichkeit bezeichnet die geistgewirkte Integrität des Glaubens. Hier nun ergibt sich eine Verwandtschaft weniger mit dem menschlichen Leib Christi als vielmehr mit seiner jungfräulichen Mutter Maria, die sich ja ebenfalls ungeteilt auf Gott einließ und durch den Heiligen Geist fruchtbar wurde. Die Jungfräulichkeit Mariens erscheint als rötlicher Schein wie Morgenrot auf der Brust der personifizierten Kirche (Scivias, S. 132). Sie weist hin auf die Unversehrtheit des Glaubens, mit dem schon Maria geglaubt hat und der nun die Auszeichnung der Kirche ist.

Unberührt und rein ist die Kirche, weil keine Irrlehre und keine Spaltung sie vernichten kann. Hildegard schreibt dies zu einer Zeit, die ganz im Gegenteil von Irrlehren und Spaltungen geprägt ist. Mit ihren Visionen von der jungfräulichen Mutter Kir-

CHRISTUS UND DIE KIRCHE

che will Hildegard sich und ihre Zeitgenossen wohl auch vergewissern, daß es in dieser unsicheren Zeit im Glauben einen unantastbaren, bleibenden wahren Kern im Herzen der Kirche gibt.

In der Reinheit und Unversehrtheit des Glaubens liegt die Stärke der Kirche. Wenn Hildegard von der Jungfrau, der *virgo,* spricht, klingt ein anderes lateinisches Wort mit: *vis,* die Kraft oder Stärke. Daß eine Jungfrau durch ihre Unverletztheit stark und nicht schwach ist, ist alte Tradition. Hildegard verbindet die Stärke der Jungfrau Kirche mit einem Turm, der hinter der Gestalt der Kirche aufragt, „er zeigt an, daß die Kirche so stark in der Verteidigung ihrer Festung ist, daß sie dank der Kraft, mit der sie durch die feurige Gabe ausgerüstet ist, niemals der Torheit irgendeines Irrtums verfallen kann" (Scivias, S. 155). Zum Zeichen dieser Kraft der Kirche soll jeder Mensch nicht nur die Taufe, sondern auch die Firmung empfangen und so durch den Heiligen Geist gestärkt werden (Scivias, S. 153).

Das Bild vom starken Turm der Kirche geht auf Hld 4,4 zurück: Hier wird der Hals der Braut mit dem Turm Davids verglichen, an dem Schilde und Waffen von Helden hängen.

Die jungfräuliche Unversehrtheit und Stärke versteht Hildegard jedoch nicht einfach als statischen Besitz der Kirche. Sie ist wie schon die Seele Gabe und Aufgabe. Hildegard sieht einen Zusammenhang zwischen der Auszeichnung des Menschen durch die Seele und der Auszeichnung der Kirche, in beiden Fällen geht es darum, daß Gott das Geschöpf zum Erkennen und zum Handeln gewinnen will. Im letzten Teil von *Scivias* verdeutlicht Hildegard diesen Aspekt im Bild des Bauens. Der Turm der Kirche wird hier noch einmal im Rahmen des schon bekannten Heilsgebäudes beschrieben. Er ist allerdings noch nicht vollendet. Hildegard sieht etliche Handwerker, die am Turm der Kirche bauen, diese Handwerker sind die vielen Generationen von Menschen, die in und an der Kirche mitgewirkt haben, angefangen von den Aposteln und ihren Nachfolgern bis zu Hildegards Zeitgenossen. Vor dem Turm der Kirche stehen die Tugendkräfte Weisheit, Gerechtigkeit, Stärke und Heiligkeit, sie feuern die Menschen an, zusammen mit Gott in der Kirche am Werk zu sein (Scivias, S. 496–521).

In der Kirche kommt gleichsam noch einmal auf den Punkt, was Gott mit der ganzen Schöpfung und insbesondere mit dem Menschen vorhat. Die Verbindung von Schöpfung und Kirche ist in *Scivias* bereits angelegt, voll entfaltet wird sie jedoch in der schon bekannten Erklärung Hildegards von Genesis, Kap. 1. Hier, in ihrem Alterswerk, dem *Liber Divinoum Operum*, werden die Grenzen zwischen Schöpfung, Kirche und Mensch fließend. So kann Hildegard im Rahmen des sechsten Schöpfungstages sagen: „Gott schuf den Menschen in der Kirche zur Erkenntnis seiner Gottheit" bzw. „zur Errichtung der Kirche, damit sie mit dem Menschen zu dessen voller Erbauung aufgerichtet wird" (Wirken Gottes, S. 321 f.). In *Scivias* hat Hildegard ein ausgeprägtes Interesse an der institutionellen Seite der Kirche, im *Liber Divinorum Operum* betont sie mehr den Aspekt, daß die Kirche universales Zeichen des Heils ist, auf das Gott mit der ganzen Schöpfung zielt. In beiden Darstellungen ist die Kirche hingeordnet auf den Menschen. Die Kirche dient der Menschwerdung des Menschen, der in und mit ihr dazu berufen ist, Gott zu erkennen und mit ihm zusammenzuwirken.

Die Gegenwart Christi in der Eucharistie

Die Frage nach dem Beginn der Kirche erfährt in Hildegards Werk keine einheitliche Beantwortung. Ihr Kommentar zu Genesis, Kap. 1 legt nahe, daß die Kirche mit der Schöpfung aus dem Wort Gottes entsteht. Das hängt mit Hildegards Vorstellung der *absoluten Prädestination* (vgl. S. 75 f.) zusammen: Der vom Sündenfall unabhängige Ratschluß Gottes, Mensch zu werden, beinhaltet auch den Ratschluß, die Kirche als Sakrament der Menschwerdung zu schaffen. An anderer Stelle macht Hildegard den Beginn der Kirche klassisch im Pfingstereignis fest (Wirken Gottes, S. 366).
In ihrem Erstlingswerk *Scivias* findet sich die Vorstellung, die Kirche entstehe bereits vor Ostern und Pfingsten aus der Seitenwunde des Gekreuzigten. Die schon bekannte Personifi-

CHRISTUS UND DIE KIRCHE

kation der Kirche steht in offensichtlicher Anlehnung an die Mutter Christi unter dem Kreuz (Joh 19,25 ff.), wo sie vom Blut Christi überströmt wird. Dieses Überströmen der Kirche durch das Blut Christi verdeutlicht die Hochzeit zwischen Kirche und Christus, zugleich erhält die Kirche im Fleisch und Blut Christi ihre Mitgift (Scivias, S. 218).

Hildegard beschreibt nun, wie die Kirche an den Altar tritt, auf dem ihre Mitgift liegt. Während des Hochgebetes durch den Priester werden aus Brot und Wein auf dem Altar wahres Fleisch und wahres Blut Christi. Damit wird jedoch nicht nur die Kreuzigung Gegenwart, sondern die ganze Erlösungstat Christi. Hildegard erkennt nämlich in diesem Zusammenhang Symbole für Geburt, Leiden, Begräbnis und Auferstehung Christi. Im umfassenden Sinne also *geschieht* Christus in der Zeit der Kirche durch die Eucharistie. Hier liegt eine der ganz wenigen Stellen in Hildegards Gesamtwerk vor, in der sie die Auferstehung betont. Auch das Kreuz spielt in ihrer Theologie eigentlich keine so zentrale Rolle wie die Inkarnation. Wenn Hildegard von der Heilswirksamkeit Christi spricht, hat sie dabei vor allem eines im Blick: seine *Hypostatische Union,* die Einheit von Gottheit und Menschheit, in der Gottes Schöpfung gipfelt und mit der Gott den Menschen erlöst (vgl. S. 76).

Wenn Hildegard in einem zweiten Schritt das geschaute Bild erklärt, mündet ihre Erklärung – dem Bild vom Kreuz zum Trotz – dann doch wieder in die vorrangige Betonung der Menschwerdung Christi ein. Die Eucharistie ist für die Gläubigen die vergegenwärtigende Erinnerung der Heilstaten Christi, aber auch Gott wird durch die Eucharistie gleichsam daran erinnert, was er in Christus alles zum Heil des Menschen gewirkt hat. So kann Hildegard Gott folgende Aussage in den Mund legen: „Daher blicke ich immer auf diese Geburt [Christi], wenn ich das meinem Namen geweihte Fleisch und Blut meines Sohnes täglich auf dem Altar (vor mir) habe (…). Denn wenn dort der Priester sein Amt in vorgeschriebener Weise ausübt, d. h. wenn er mich mit den hochheiligen Worten anruft, dann bin ich in derselben Macht zugegen, in der ich anwesend war, als mein Eingeborener (…) Mensch wurde" (Scivias, S. 246). Dem

Wunder der jungfräulichen Menschwerdung des Wortes in und mit Maria entspricht in der Zeit der Kirche das Wunder der Eucharistie, in dem die Menschwerdung des Wortes Gegenwart wird (Scivias, S. 243). Hildegard vergleicht sogar die Worte Mariens, mit denen sie Ja sagte zur Menschwerdung Gottes, mit den Worten des Priesters im Hochgebet (Scivias, S. 229f.).

Von hier aus erschließt sich, warum die *Inkarnation* in Hildegards Sicht der Eucharistie so wichtig ist. Es geht nämlich wieder einmal um das so wesentliche Zusammenwirken von Schöpfer und Geschöpf, von Gott und Mensch. Auch im Geheimnis der Eucharistie wirken Schöpfer und Geschöpf, Gott und Mensch zusammen, denn Gott läßt sich auf die geschöpflichen Zeichen von Brot und Wein und auf die menschlichen Worte des Priesters ein. Nicht der Priester alleine wandelt Brot und Wein, sondern dieses Wunder ist nur in Kooperation mit Gott möglich. Hildegard vergleicht das Handeln Gottes in einem charmanten Bild mit einem Vogel, dem man ein Ei ins Nest legt, so daß er herbeifliegt und es ausbrütet. So verhält sich auch Gott, wenn ihm durch den Priester Brot und Wein auf dem Altar dargebracht werden (Scivias, S. 247). Wie in der Inkarnation läßt Gott sich in der Eucharistie auf die menschliche Mitwirkung ein und vollendet sie durch sich. Dahinter steckt Gottes Vorliebe, sich in der Schöpfung unter den Menschen sichtbar zu machen. Genau das geschieht in der Eucharistie, auch hier läßt Gott sich auf die geschaffene Materie ein. Aber wie die Gottheit des Menschgewordenen nur für den sichtbar ist, der glaubt, so behalten auch Brot und Wein ihre äußere Gestalt. Dennoch sind in ihnen Fleisch und Blut offenbar (Scivias, S. 228) – wenn auch nicht für die äußeren Augen. Aber Fleisch und Blut Christi binden sich in einer solchen Einheit an Brot und Wein, „wie Gott und Mensch der eine Christus ist und wie die geistbegabte Seele und das sterbliche Fleisch im Menschen den einen Menschen bilden" (Scivias, S. 229).

Die Eucharistie ist für Hildegard das großartige Sakrament der Weltbejahung Gottes, die sakramentale Verdichtung ihrer

Schöpfungstheologie. In ihr geschieht Gegenwärtigsetzung des Ur-Sakramentes Christus, in dem Schöpfer und Geschöpf, Himmlisches und Irdisches, Gott und Mensch eine ungetrennte und unvermischte Einheit bilden.

> Die Siebenzahl der Sakramente bildet sich im Laufe des 12. Jhs. heraus. Hildegard behandelt ausführlich v. a. Taufe und Eucharistie.

Die Jungfräulichen im Herz der Kirche

In *Scivias* schließt sich den Visionen von der jungfräulichen Mutterschaft der Kirche in Taufe und Firmung eine eigene Vision über die verschiedenen Stände der Kirche an. Auch hier tritt die Kirche personifiziert als Frau auf; vor ihrer Brust schaut Hildegard ein Mädchen mit offenem schwarzem Haar. Es handelt sich um die personifizierte Jungfräulichkeit, die, umgeben von der Schar der Jungfräulichen, im Herzen der Kirche steht. Wenn Hildegard von den *Jungfräulichen* redet, meint sie damit vor allem die Nonnen und Mönche im Kloster. Der Zölibat der Säkularkleriker, für den Hildegard sich immer wieder ausspricht, ist im zwölften Jahrhundert noch lange nicht selbstverständlich.

Das unbedeckte offene Haar der Jungfräulichkeit symbolisiert die ungebundene Freiheit in der Hingabe für Christus. Da diese Freiheit auch manches Schwere beinhaltet, ist es schwarz als Sinnbild für die quälenden dunklen Gedanken, die das irdische Dasein mit sich bringt (Scivias, S. 173). Das offene Haar der Junfräulichkeit und der Kopfschmuck der Jungfrauen, die sie umgeben, erinnert an einen Brauch in Hildegards eigenem Kloster, von dem wir durch ihren Briefwechsel erfahren. Die bereits erwähnte Andernacher Klostervorsteherin Tengswind äußert Befremden über Hildegards Praxis, nur Töchter aus adeligen Häusern aufzunehmen, im selben Brief zeigt sie sich auch erstaunt über die ihrer Meinung nach ganz und gar nicht dem Neuen Testament entsprechende Kleidung in Hildegards Kloster: „daß nämlich Eure Nonnen an Festtagen beim Psalmengesang mit herabwallendem Haar im Chore stehen und als Schmuck leuchtend weiße Seidenschleier tragen, deren Saum den Boden berührt. Auf dem Haupt haben sie goldgewirkte Kränze, in die auf beiden Seiten und hinten Kreuze und über der Stirne ein Bild des Lammes harmonisch eingeflochten sind" (Briefwechsel, S. 201). Auf diese Anfrage antwortet Hildegard mit einem Bezug sowohl auf den Anfang als auch auf das Ende der Heilsgeschichte. Nur für die Ehefrau gilt die neutestamentliche Vorschrift, sich nicht aufwendig zu schmücken (1 Tim 2,9), nicht aber für die Jungfrau. Denn die Jungfrau darf so bleiben wie Eva im Paradies, außerdem ist sie bereits Hinweis auf die hundertvierundvierzigtausend jungfräulichen Auserwählten des Lammes in Offenbarung 14,1–5 (Briefwechsel, S. 203), von deren Kopfschmuck die Haartracht der Nonnen in Hildegards Kloster offensichtlich inspiriert ist. Eben diese Auserwählten stimmen das neue Lied an, das Hildegard auch in *Scivias* den Jungfräulichen in den Mund legt (Scivias, S.175) und das sie offensichtlich als biblische Begründung für das Singen der Nonnen und Mönche im Kloster versteht (Scivias, S. 183).

Die Freiheit der Jungfräulichen und ihre Zeichenhaftigkeit für einen neuen Himmel und eine neue Erde hat Hildegard mit ihren Schwestern liturgisch inszeniert. Diese Praxis zeugt von einem nicht gerade geringen Selbstbewußtsein der Jungfrau Hildegard, die ihre Lebensform sowohl als Teilhabe am verlorenen Paradies als auch an der bevorstehenden neuen Schöpfung zu interpretieren weiß. Insgesamt fällt für Hildegard auf, daß sie zwar mit asketischen Motiven der altkirchlichen Jungfräulichkeitsliteratur vertraut ist, daß sie selber die Jungfräulichkeit aber mehr als paradiesische denn als asketische Lebensform versteht. Im Hintergrund stehen die am Anfang skizzierten konkreten Lebensumstände von Frauen und Jungfrauen, die verständlich machen, daß im mittelalterlichen Kontext Jungfräulichkeit gerade für Frauen sehr viel mit Emanzipation zu tun hat.

Das ist aber nur eine Seite in Hildegards Lob der Jungfräulichkeit. Wenn sie den Vorzug der Jungfräulichkeit vor der Ehe theologisch begründet, teilt sie die im Mittelalter weit verbreitete Auffassung von der Reinheit der Jungfräulichkeit, die sie von der in der Ehe praktizierten Sexualität positiv unterscheidet. Der himmlische Bräutigam ist einem irdischen Mann daher bei weitem vorzuziehen: „Der Heilige Geist ertönt im Zelt der Jungfräulichkeit, denn sie sinnt immer über das Wort Gottes nach, wie sie Christus mit aller Hingabe umfassen und in seiner Liebe glühen könne und wie sie vergesse, was in der Begierde des Fleisches und in der Glut des Brandes am Menschen gebrechlich ist, wenn sie dem einen Mann, den niemals eine Sünde berührt hat, anhängt. Mit ihm ist sie ohne alle fleischliche Begierde verbunden und blüht immer in der Freude der königlichen Hochzeit" (Scivias, S. 481 f.). Auch den Zölibat der Weltpriester, für den Hildegard sich einsetzt, begründet sie mit ähnlichen Gedanken: Da niemand zwei Herren dienen kann, sollen die Priester nicht gleichzeitig Fleischlichem und Geistlichem dienen. Da Christus ohne Sünde jungfräulich aus Maria Fleisch annahm, sollen auch die, die ihm dienen und sein jungfräuliches Fleisch und Blut am Altar berühren, jungfräulich und rein leben (Scivias, S. 263 ff.).

Hier ist Hildegard Kind ihrer Zeit. Dennoch verfällt sie nicht dem Kurzschluß, die Jungfräulichkeit nun zur Pflicht für alle Gläubigen in der Kirche zu machen: Die Jungfräulichkeit ist im Anschluß an Paulus ein Rat, kein Gebot, sie ist gelebte Freiheit, nicht Zwang, und auch hier gilt ausdrücklich: Der Mensch soll sich „durch Entsagung nicht mehr kasteien, als er mit Gottes Gnade ertragen kann" (Wirken Gottes, S. 421).

Die Wolke der Eheleute am Nabel der Kirche

Hildegards Vision der Kirche in *Scivias* ist mit der Erscheinung der personifizierten Jungfräulichkeit und ihrer Schar noch lange nicht abgeschlossen. Vom Nabel an abwärts erscheint ein anderer Glanz wie eine blendendweiße Wolke, er verdeutlicht die Laien und befindet sich nicht zufällig an dieser Stelle des Körpers der Kirche: „In der Nähe des Nabels liegen die Glieder, aus denen alles menschliche Leben hervorgeht; deshalb erscheint dort in der Kirche das Volk der Laien, durch das sie zur vollen Zahl ihrer Stände gelangen soll." Auch mit ihnen ist die Kirche herrlich geschmückt, und auch sie umfangen Gott mit vielen Umarmungen (Scivias, S. 186). Die Gottgewolltheit der Ehe entfaltet Hildegard in den nun folgenden Kapiteln: Sie hält nichts davon, die Ehe zugunsten des Klostereintritts zu lösen, wenn es nicht ausdrücklicher Wille beider Eheleute ist. Die untrennbare Einheit von Mann und Frau in der Ehe macht sie in der Einheit von Adam und Eva fest, die ja schon, bevor sie sich als Mann und Frau gegenüberstanden, ein Fleisch waren (Scivias, S. 186f.). „In jener Liebe und Treue, mit der Gott den Mann und das Weib zu einem Bunde zusammengab, auf daß sie schöpferisch fruchtbar würden", sieht Hildegard einen Hinweis auf „die große Liebe des Schöpfers zu Seinem Geschöpfe und der Geschöpfe zum Schöpfer" (Lebensverdienste, S. 238). Mit dieser schöpfungstheologischen Begründung der Liebe von Mann und Frau im Hintergrund kann Hildegard im Rahmen ihrer Heilkunde dann auch ganz unbefangen von der sexuellen Lust, die Mann und Frau verschieden wahrnehmen, sprechen und Therapieratschläge hinsichtlich zu heftiger oder zu geringer Lust erteilen.

Zur Frage von Hildegards Verfasserschaft für die Heilkunde siehe S. 37 u. 146 f.

In der bereits vorgestellten Auslegung der priesterschriftlichen Schöpfungserzählung in Hildegards Alterswerk *Liber Divinorum Operum* lassen sich die Stände der Kirche aus ihrem Erstlingswerk *Scivias* wiederfinden. Die Ehe hat hier ihren gottgewollten Platz im Rahmen des allegorischen Sinnes des sechsten Schöpfungstag, denn mit Mann *und* Frau will Gott die Kirche aufbauen. Wenn Gott Vieh, Kriechtiere und wilde Tiere schafft, versteht Hildegard dies als Hinweis auf die drei Stände der Verheirateten, der Geistlichen und der Jungfräulichen, die Gott in der Kirche vorgesehen hat (Wirken Gottes, S. 321), in *Scivias* versteht sie diese drei Stände sogar als Abbild der Dreieinigkeit (Scivias, S. 188).

Hier verbirgt sich ein Seitenhieb gegen die Katharer, für die die Ehe nicht in Einklang zu bringen ist mit dem Auftrag eines nur um das Geistige bemühten Gottes. Hildegard sieht jedoch in allen Lebensformen der Kirche den Menschen mit Gott am

CHRISTUS UND DIE KIRCHE

Werk, auch die Ehe ist Gottes Einladung an den Menschen, mit ihm zusammenzuwirken. Wie der Mensch mit Leib und Seele, als Mann und Frau, als Geschöpf mit dem Schöpfer zusammenwirken kann und soll, so ist auch die Verschiedenartigkeit der Stände Gottes Gabe und Aufgabe, in der Kirche zusammenzuwirken.

Aber dieses Zusammenwirken schließt – ähnlich wie in Hildegards Umgang mit der Geschlechterdifferenz – eine Hierarchie nicht aus, sondern ein. Der Einrichtung der Ehe am sechsten Schöpfungstag voraus geht die Schaffung der höheren Stände in der Kirche, d. h. der Jungfrauen und Witwen, die Hildegard in den Rahmen des fünften Schöpfungstages verortet. Wie es in der sichtbaren Schöpfung ein Oben und ein Unten im Miteinander der Geschöpfe gibt, so gibt es auch in der Kirche eine gottgewollte Hierarchie der verschiedenen Stände. Innerhalb der kirchlichen Hierarchie ist es möglich, von einem unteren auf einen oberen Rang zu steigen, also zum Beispiel als Witwe Nonne zu werden. Ganz entsetzt ist Hildegard aber bei dem Gedanken, ein (jungfräulicher) Mönch könne auf die Idee kommen, ein (noch dazu verheirateter!) Weltpriester zu werden. Ein solcher Schritt wird von ihr ganz eindeutig als Rückschritt bezeichnet (Scivias, S. 195).

> Zur praktizierten Lebensform der Weltpriester im 12. Jh. vgl. S. 11 u. S. 133.

Gegenüber manchen anderen geistlichen Autoren des Mittelalters fällt wohltuend auf, wie sehr Hildegard um eine Integration der Ehe bemüht ist und wie sie den Ehebund vor allem in der Liebe von Mann und Frau begründet. Das Eingebundensein der adeligen Äbtissin in die feudale Ständegesellschaft ihrer Zeit aber hat auch Spuren in ihrer Auffassung von den Ständen der Kirche hinterlassen. Daß ein niederer Stand sich über einen höheren erhebt, ist für Hildegard ganz eindeutig Stolz und Sünde (Scivias, S. 188).

Das Ende als Vollendung

Nun steht noch der letzte Akt des Heilsdramas aus. Seine Gestaltung verrät Hildegards dramaturgische Meisterschaft. In ihrer Gestaltung der Heilsgeschichte geht es ja von Anfang an um die Teilhabe des Menschen an der göttlichen Erkenntnis, bevor diese Teilhabe vollendet wird, kommt es zunächst jedoch zu ihrer fast totalen Verdunkelung. Das ist ähnlich ja schon einmal geschehen: Mit dem Sündenfall umnebelte der Teufel die Klarheit menschlicher Erkenntnis. In Christus und der ihn gegenwärtigsetzenden Kirche gewinnt Gott den Menschen zurück, daher holt in der Zeit der Kirche der Teufel erneut zum Großangriff aus. Wie er sich im Paradies mit der Schlange verband, verbindet er sich in der Zeit der Kirche mit dem Antichrist. Der Antichrist ist nicht identisch mit dem Teufel, aber dessen Werkzeug. Hildegard beendet jedes Buch ihrer visionären Trilogie mit einer Apokalypse, in der sie das Ende der Welt beschreibt. Vor allem in *Scivias* und im *Liber Divinorum Operum* spielt die Gestalt des Antichrist hier eine wesentliche Rolle.

Apokalypse: griech. Enthüllung oder Offenbarung, i. e. S. literarische Gattung, in der das Ende der Welt enthüllt wird, stets mit zeitkritischen Anspielungen.

Der Antichrist

Die Gestalt des Antichrist verdankt sich einer Vielzahl von Legenden, die sich auf Matthäus 24,24 zurückführen lassen: Hier erwähnt Jesus in seiner Endzeitrede manchen falschen Messias und Propheten, der auftreten und große Wunder tun wird. Im Mittelalter ist die Vorstellung verbreitet, am Ende der Zeit werde ein falscher Christus auftreten, dessen ganzes Leben eine detailgetreue Parodie des Lebens Christi darstellt. Hildegard hat diese Tradition übernommen, mit eigenen Akzenten versehen und so in ihre Theologie eingepaßt. Im Unterschied zu Maria ist die Mutter des Antichrist eine un-

ADSO VON MONTIER-EN-DER, Benediktinerabt, verwob im 10. Jh. Legenden vom Antichrist zu dessen legendärer „Biographie" *De ortu et tempore Antichristi,* einer prägenden Schrift des Mittelalters.

reine Frau, die sich mit so vielen Männern abgibt, daß sie gar nicht weiß, wer der Vater ihres Kindes ist. In *Scivias* empfängt der ungeborene Antichrist seine Seele vom Teufel (Scivias, S. 565f.), im *Liber Divinorum Operum* dagegen geschieht die Beseelung des Antichrist durch Gott selber (Wirken Gottes, S. 453). Das ist die unabdingbare Konsequenz aus Hildegards Schöpfungsoptimismus: Alles was lebt, kann nur auf einen guten Gott zurückgehen, eine Schöpfung des Teufels im Sinne der Katharer ist unmöglich. Gott läßt den Antichrist zu, weil er mit dem Sieg über ihn etwas ganz Besonderes zeigen will. Aufgezogen wird er durch seine Mutter, die ihren Sohn im Gebrauch magischer Künste unterrichtet. Spätestens hier wird deutlich, daß mit Hildegards Rede vom Antichrist kein Wahrsagen eines zukünftigen Weltenendes gemeint ist. Vielmehr geht es um eine Aussage über Mißstände ihrer eigenen Zeit, zu ihnen zählt Hildegard an vielen Stellen ihres Werkes die magischen Vorlieben ihrer Zeitgenossen. Die Gestalt des Antichrist ist Instrument ihrer Gesellschaftskritik, wenn sie sagt: „Er gesellt sich Königen, Führern, Fürsten und Reichen zu, unterdrückt die Demut und richtet den Stolz auf. Den Erdkreis unterwirft er sich mit teuflischer List" (Scivias, S. 567). Es ist schwer, Hildegards Antichrist mit einem konkreten Zeitgenossen zu identifizieren. Vielleicht denkt sie an Barbarossa, der Kaiser über den mittelalterlichen Erdkreis und mit seinen vier Gegenpäpsten schuld am Schisma der Kirche ist. Aber das bleibt Spekulation.

Der erwachsene Anti-Christus beginnt nun entsprechend zu wirken: Er verbreitet eine falsche Lehre, sein Auftreten begünstigt den Erfolg von Irrlehrern und Häretikern. Viele Legenden berichten, daß der Antichrist Wunder wirkt, bei Hildegard ist er nur zu Scheinwundern fähig. Sie verortet die Wunder des Antichrist nämlich in die falsche Wahrnehmung und Erkenntnis seiner Anhänger, der Antichrist selber kann keine Totenerweckungen und Heilungswunder wirken. Auch das ist die Konsequenz ihres Heilsoptimismus, daß das Gute nur von Gott stammen kann. Ihren Zeitgenossen wirft Hildegard eine falsche Perspektive vor: Sie sehen nicht, wer der eigentliche

Urheber des Heils ist. Sie benutzen in Neugier und Sensationslust nur die äußeren Augen und vergessen, daß sie mit ihren inneren Augen Gott schauen können (Scivias, S. 567). Damit ist Hildegard bei ihrem eigentlichen Lieblingsthema angelangt, der inneren Erkenntnis Gottes durch den Glauben. Von hier aus erschließt sich auch noch einmal, warum Gott das Wirken des Antichrist zuläßt: Er nimmt die Verantwortung des Menschen ganz ernst. Denn das Unheil, das durch das Wirken des Antichrist entsteht, passiert nicht automatisch, sondern nur im Zusammenspiel mit der falschen Wahrnehmung der Menschen. Der Mensch ist mit seiner inneren Erkenntnis aber so ausgestattet, daß er sehr wohl erkennen könnte, wer der wahre und wer der falsche Christus ist.

Auch die Botschaft des Antichrist erstreckt sich nun ganz auf den einseitigen Gebrauch der äußeren Sinne: Er predigt, daß die Jungfräulichkeit gegen das Naturgesetz verstoße und daß man sich jeden Wunsch fleischlichen Begehrens erfüllen sollte (Wirken Gottes, S. 450f.). Schließlich stirbt er einen Scheintod, aus dem – analog zur Geburt der Kirche aus der Seitenwunde des Gekreuzigten – eine große Anhängerschaft von Antichristen hervorgeht. Hier könnte eine Anspielung auf die Katharer vorliegen, die es zur Zeit Hildegards zu einer Gegen-Kirche mit eigenen Bistumsstrukturen gebracht haben.

Da der Antichrist mit seiner einseitigen Betonung der äußeren Sinne die gottgewollte Fruchtbarkeit Christi und seiner Kirche pervertiert, beschreibt Hildegard ihn in *Scivias* als stinkendes und schwarzes Haupt mit verunstalteten Augen und Ohren, Nase und Mund, das sich nicht zufällig an der Stelle der jungfräulichen Geschlechtsorgane der Kirche befindet. Die jungfräuliche Kirche, in der Hildegard ein Bild für die Integrität des wahren Glaubens sieht, wird durch den Antichrist defloriert, Streifen roten Blutes von den vielen Stößen des Antichrist laufen über ihre Beine. Sie versteht Hildegard als die Bedrängnis der Kirche durch die Häretiker in der Endzeit, die viele Märtyrer hervorbringen wird (Scivias, S. 560).

Hildegard instrumentalisiert den Antichrist nicht nur im Rahmen ihrer Kritik gegen weltliche, sondern auch gegen geistliche Herrscher; denn mit dem Bild vom Haupt des Antichrist am Leib der Kirche macht sie deutlich, daß dieser Gehilfe des Bösen auch im Innern der Kirche wirkt. Daß dies überhaupt möglich ist, liegt vor allem an den Klerikern, die wie der Antichrist nur auf die Außenseite ihrer Ämter und Reichtümer bedacht sind. Hildegard prangert sie an als reißende Wölfe, als Kirchenräuber, als gefräßige Ehebrecher (Wirken Gottes, S. 432).

Nach Scheintod und scheinbarer Auferstehung, die die Menschen aufgrund der Verblendung ihrer Sinne für wahr halten, schickt sich der Antichrist an, in den Himmel aufzufahren. Hinter dieser Parodie der Himmelfahrt Christi verbirgt sich auch Hildegards Auffassung vom präexistenten Engelsturz: Mit dem Antichrist kämpft Luzifer zum letzten Mal in der Heilsgeschichte um seinen alten Platz. Da sein Sturz aus dem Himmel aber endgültig war, ist auch die Himmelfahrt des Antichrist zum Scheitern verurteilt. Hildegard beschreibt, wie sich unter großem Getöse und Gestank das unförmige Haupt vom Leib der Kirche löst (Scivias, S. 572f.). Der Sieg über den Antichrist gehört Christus, der ihn mit dem Hauch seines Mundes tötet (2 Thess 2,8; Wirken Gottes, S. 458). Im Gegensatz zum Antichrist kann der Teufel nicht sterben, denn er hat auch als gefallener Engel keinen Leib. Doch mit dem Sieg über den Antichrist wird er ein für allemal an seinen Ort im lichtlosen Norden verwiesen und all seiner Macht beraubt.

Rückkehr zum Ursprung

Nun erkennen die Menschen ihre Täuschung. Die Füße der Kirche erstrahlen in glänzendem Weiß, weil alle Welt im wahren Glauben Gott und seinen Sohn (an-)erkennt (Scivias, S. 574). Mit diesem Bild greift Hildegard die strahlend weiße Wolke, die die von der Schuld am Tod Jesu roten Füße der Synagoge umspielt, wieder auf. Nun wird Wirklichkeit, was damals Verheißung war: Die Juden nehmen den Glauben an Christus an, Christus nimmt die Synagoge wieder auf.

> Die Vorstellung von der endzeitlichen Bekehrung der Juden ist im Mittelalter zuerst durchaus wertschätzend gemeint. Später wird die Synagoge oft als törichte Jungfrau oder Allegorie des Geizes dargestellt, auch das Sehvermögen wird ihr durch einen Pfeil des Teufels endgültig genommen.

Daher läßt Gott das Wirken des Antichrist wohl auch zu: Der Sieg Christi über den Antichrist ist eine heilsame Ent-Täuschung für alle Antichristen auf Erden. Juden, Irrlehrer und Häretiker kehren um und entfalten wie in den Tagen der Apostel eine rege Überzeugungstätigkeit, um die Menschen auf der ganzen Welt von der Wahrheit zu überzeugen (Wirken Gottes, S. 439f.).

Hildegards Erstlingswerk *Scivias* berichtet nach dem Sieg über den Antichrist von der Auferstehung der Toten und vom Gericht über die Menschen. Auch dieses traditionelle Motiv paßt sie an ihre eigenen theologischen Schwerpunkte an. Denn Christus beginnt keine Gerichtsverhandlung über die Menschen, in der er als Richter Fragen stellt. Das Gericht besteht bezeichnenderweise darin, daß in der Gegenwart Christi das Gewissen der Menschen offen daliegt (Scivias, S. 585). Auch das ist unabdingbare Konsequenz ihres Gottes- und Menschenbildes, in dem Gott den Menschen ethisch nicht überfordert, sondern ganz im Gegenteil mit dem nötigen Wissen um Gut und Böse ausstattet, das der Mensch anwenden kann und soll. In der Gegenwart Christi am Ende der Zeit identifiziert sich der Mensch mit seinen hellen und dunklen Seiten: mit seinem Ja zur Kooperation mit Gott und mit dem, was er im Leben schuldig geblieben ist (Lebensverdienste, S. 272).

Die Apokalypse in Hildegards Alterswerk endet anders als in *Scivias* nicht mit dem Gericht über die Menschen, sondern mit dem Sieg Christi über den Antichrist. Vielleicht ist es kein Zufall, daß Hildegard am Ende ihres Lebens zwar auch von einem Gericht und einem Urteil spricht, aber gerichtet und verurteilt wird hier nicht mehr der Mensch, sondern nur der Teufel. Der kosmische Kampf zwischen Gott und Teufel um den Menschen ist entschieden, Gott hat den Menschen endgültig zurückgewonnen. Von Menschen, die mit dem Antichrist in das Reich des Teufels verdammt werden, liest man im Werk der knapp Achtzigjährigen erstaunlicherweise nichts mehr, vielmehr werden alle zur Freude aufgerufen, da sich nun die Herrlichkeit Christi ausbreiten kann (Wirken Gottes, S. 460).

DAS ENDE ALS VOLLENDUNG

Nun wird dem Menschen das Heil zuteil, das Gott ihm eigentlich von Anfang an zugedacht hat. Jede Schuld, die noch am Menschen haften könnte, wird getilgt. Gott reinigt den Menschen, so daß er nun uneingeschränkter Teilhaber der göttlichen Erkenntnis wird. Aber nicht nur der Mensch, die ganze Schöpfung, die durch die Sünde des Menschen beschmutzt ist, wird von Gott gereinigt. Hildegard schildert, wie Gott selber alles Dunkle von den Elementen wegfegt (Lebensverdienste, S. 267). Diese Reinigung der Elemente und des Menschen bedeutet für Hildegard sowohl eine Scheidung als auch eine Wandlung: Das Sterbliche verschwindet, das Unsterbliche bleibt (Scivias, S. 582). „Alsdann werden alle Dinge (…) hinübergeführt in eine unerschöpfliche Verwandlung *(transmutatio)*" (Lebensverdienste, S. 268).

Die Elemente finden ihre Ordnung wieder und strahlen in ungetrübtem Glanz. Eine Ordnung nimmt Hildegard auch für die erlösten Menschen an. Wie schon die Chöre der Engel im Himmel eine heilige Ordnung bilden, so folgt auch Hildegards Beschreibung der Seligen im Himmel ganz klar der aufsteigenden Hierarchie von den Verheirateten über die Lehrer und Seelenführer, schließlich die Märtyrer bis zum obersten Rang der Jungfräulichen (Lebensverdienste, S. 275–285).

Die Rede vom neuen Himmel und der neuen Erde versteht Hildegard nicht in dem Sinne, daß das Alte untergeht und etwas (völlig) Neues entsteht. Zwischen Alt und Neu gibt es keinen Bruch. Diese Sicht verbietet sich aufgrund Hildegards Schöpfungsoptimismus. Da die Schöpfung aus Gott hervorgegangen ist, ist sie nicht nur, aber auch göttlich und insofern nicht für den Untergang bestimmt. Gott hält an seinem uralten Heilsplan fest und vollendet das, was er am ersten Schöpfungstag begonnen hat.

Diesen Gedanken der Einheit des göttlichen Heilswillens, der sich in der ganzen Heilsgeschichte ohne jede Zäsur entfaltet, beschreibt Hildegard vor allem im Bild des kreisenden Rades. Daß der Mensch von Gott kommt und nach Vollendung seines Lebensweges zu Gott zurückfindet, enthält bereits ihr Bild vom Weg der Seele im ersten Teil von *Scivias* (Scivias, S. 58–62).

Der dritte und letzte Teil von *Scivias* greift diesen Gedanken wieder auf, wenn hier vom goldenen Lichtkreis die Rede ist, der aus Gott kommt und zu Gott zurückkehrt. Dieser Lichtkreis umfaßt Schöpfung und Geschichte, er beginnt im Osten, dem Ort des Paradieses und des Sonnenaufgangs. Gott zielt in Schöpfung und Geschichte darauf, den alten Widersacher zu besiegen, der seit dem Sturz aus dem Himmel seinen Raum im lichtlosen Norden hat. Die erste Himmelsrichtung, in die sich das Licht aus dem Osten wendet, ist daher der Norden. Da Gott gegen den Teufel und für den Menschen zuerst im Alten Bund kämpft, verbindet Hildegard den Nordosten und den Nordwesten mit dem Alten Bund. Die nächste Himmelsrichtung, die der Lichtkreis erreicht, ist der Westen, der Ort des Sonnenuntergangs und damit der Entscheidung. Der Westen ist daher der Ort der Sonne Christus, der siegreich aus dem scheinbaren Untergang des Todes hervorgegangen ist und so eine unwiderrufbare Entscheidung für den Menschen getroffen hat. Den Südwesten verbindet Hildegard mit dem Leib Christi, den die Kirche verkörpert. Insbesondere der Süden, der von der Mittagssonne erleuchtet wird, ist der Ort der Kirche und der gläubigen Menschen, in deren Herzen die Liebe zu Gott brennt. Nach den Erschütterungen der Kirche in der Endzeit, d. h. im Südosten, kehrt der Lichtkreis in den Osten zurück (Scivias, S. 317f.) – und mit ihm Synagoge und Kirche, der Mensch und die ganze Schöpfung, denn sie alle sind ja aus Gottes gutem Heilsplan hervorgegangen und haben nun wirklich Heimat in ihm.

> Diese **Symbolik der Himmelsrichtungen** liegt auch mittelalterlichen Kirchenbauten zugrunde: Der Altar, Sinnbild für Christus, befindet sich im Osten, wo die Sonne aufgeht. Gegenüber im Westen ist das Hauptportal, hier ist der Ort der Darstellung des Jüngsten Gerichts. So wird der Mensch, der im Westen die Kirche betritt, aufgerufen, sich für oder gegen die Sonne Christus zu entscheiden. Er wird daran erinnert, daß die Entscheidungen, die er im Laufe seines Lebens zwischen Schöpfung und Gericht trifft, eingebunden sind in die große Entscheidung Gottes für ihn.

Das Rad ist auch in Hildegards Alterswerk das bestimmende Bild für die Schöpfung und die Heilsgeschichte im Großen und den Menschen im Kleinen. Vielleicht ist es kein Zufall, daß Hildegard im Titel ihres Erstlingswerkes *Scivias* den Weg als Bild für den Menschen in der Heilsgeschichte wählt, in ihrem Alterswerk jedoch dem Bild vom Kreis den Vorzug gibt. Es ist ein uraltes und reifes Bild für die Erfahrung des Menschen in der Zeit. Mit diesem Bild verbunden ist die Sicht, daß der Mensch eingespannt ist in zyklisches Werden und Vergehen, daß sich Gleiches wiederholen kann. Auch Hildegard beschreibt den Menschen als eingebunden in das Kreisen der Monate und Jahreszeiten. Nicht selten werden Vorbehalte gegen eine solche Weltsicht laut, denn sie scheint dem christlichen Glauben an einen Ursprung und ein Ziel von Schöpfung und Geschichte zu widersprechen. Hildegards Kreisvisionen sind ein schönes Beispiel dafür, daß zyklisches und lineares Geschichtsverständnis nicht notwendig einander ausschließen. Das Kreisen, das sie beschreibt, ist nicht die ewige Wiederkehr des Gleichen, sondern ein Ausgehen von und ein Einmünden in. Es ereignet sich nicht nur innerweltlich, sondern ist gehalten und getragen von einem guten Gott, der die Welt um keinen Preis loszulassen bereit ist. Das Kreisen der Schöpfung und des Menschen in der Zeit hat in ihm seinen Sinn.

Naturkunde und Medizin

Hildegards naturkundliche und medizinische Vorstellungen stehen nicht außerhalb ihres theologisch fundierten Weltbildes. Die Quellenlage ist bei diesen Schriften jedoch sehr viel uneindeutiger als bei ihren theologischen Werken, daher empfiehlt sich eine eigene Darstellung. Von den unter Hildegards Namen überlieferten naturkundlichen und medizinischen Büchern sind keine vollständigen Handschriften mehr erhalten, die bis in die Schreibstuben ihrer Klöster zurückweisen und ihre Autorschaft ebenso gesichert erscheinen lassen. Hildegard nennt selber unter ihren Werken einen *Liber subtilitatum diversarum naturarum creaturarum,* ein Buch über die Feinheiten der verschiedenen Naturen der Geschöpfe. Wahrscheinlich schon bald nach Hildegards Tod wurde dieses eine Werk in zwei Teile getrennt, den *Liber simplicis medicinae,* das Buch der einfachen Medizin, und den *Liber compositae medicinae,* das Buch der zusammengesetzten Medizin. Hinter dem ersten Titel verbirgt sich eine Darstellung der Eigenschaften und Kräfte von Pflanzen, Steinen, Tieren und Metallen, wie sie *einfach* in der Natur vorkommen. Der Mensch kann diese Eigenschaften aber auch durch verschiedene *Zusammensetzungen* nutzen, so kommt es zum zweiten Titel, der eine kosmologisch verankerte und anthropologisch ausgerichtete Heilkunde bietet.

Ein Blick auf die vorhandenen Handschriften

HILDEGARD VON BINGEN, *Heilkraft der Natur – „Physica". Rezepte und Ratschläge für ein gesundes Leben.* Übers. v. Marie-Louise Portmann,

Die ältesten Handschriften existieren zum *Liber simplicis medicinae* und befinden sich in Florenz und Wolfenbüttel. Beide jedoch sind frühestens um das Jahr 1300 entstanden, also erst 120 Jahre nach dem Tod Hildegards. Die heute im Buchhandel erhältliche deutsche Ausgabe geht schwerpunktmäßig auf eine noch um zwei Jahrhunderte jüngere

NATURKUNDE UND MEDIZIN

Quelle, die sogenannte Pariser Handschrift aus dem 15. Jahrhundert, zurück Der Titel *Physica,* unter dem der Liber simplicis medicinae heute bekannter ist, taucht zum erstenmal in einem Straßburger Druck von 1533 auf. Der lateinische Plural *Physica* meint soviel wie *Naturdinge,* die unter diesem Titel beschrieben werden.

hrsg. v. der Basler Hildegard-Gesellschaft, 1995 (Kurztitel = **Physica**).

Zum zweiten Teil, dem *Liber compositae medicinae,* ist bisher nur eine Handschrift in der Königlichen Bibliothek Kopenhagen bekannt geworden, die erst aus dem 15. Jahrhundert stammt. Der inzwischen geläufigere Titel *Causae et curae* geht auf das Zusammenziehen der Inhaltsangabe – *de causis, signis atque curis aegritudinum,* über Gründe, Anzeichen und Behandlungsmöglichkeiten von Krankheiten – durch den Schreiber dieser Handschrift zurück. Auf ihrer Grundlage gab Paul Kaiser 1903 den ersten vollständigen Druck heraus, dessen höchst fehlerhafte lateinische Textgestalt bis heute maßgeblich ist. Sie bildet auch die Grundlage der heute im Buchhandel erhältlichen deutschen Übersetzung.

HILDEGARD VON BINGEN, *Heilwissen. Von den Ursachen und der Behandlung von Krankheiten,* übers. u. hrsg. v. Manfred Pawlik, 1991 (Kurztitel = **Ursachen**).

Eine eindeutig von Hildegard verfaßte Natur- und Heilkunde gibt die Quellenlage kaum her; nicht für alle Teile der recht späten Handschriften ist die Autorschaft Hildegards anzunehmen; vielmehr rechnet man mit Umstellungen und Einschüben fremder Autoren. Wer durch die Lektüre der gesicherten Werke Hildegards mit ihrem Latein vertraut ist, dem fallen in etlichen Abschnitten stilistische Differenzen zu ihren üblichen Formulierungen auf. Auch inhaltliche Gründe legen für ganze Abschnitte Zweifel nahe, was ihre Abfassung durch Hildegard angeht. Dies betrifft zum Beispiel den fünften und letzten Teil von *Causae et curae:* Hier geht es um den Zusammenhang zwischen dem Mondstand bei der Empfängnis des Menschen und seinem Charakter bzw. seinem späteren Schicksal. Diese Kapitel machen Hildegard in astrologischen und esoterischen Kreisen heute besonders beliebt, dabei widersprechen sie der eindeutigen Position in Hildegards visionärer Trilogie. Hier nämlich wehrt sich Hildegard gegen die Bemühungen mancher ihrer Zeitgenossen, die Zukunft aus dem Stand der Gestirne zu erschließen (Lebensverdienste, S. 224 f.). Dem Aberglauben an die Gestirne setzt sie wiederholt den Glauben an Christus, den einzigen und wahren Stern des Menschen, entgegen.

Andererseits fallen aber auch stilistische und inhaltliche Gemeinsamkeiten mit der theologischen Trilogie auf, so daß man für etliche Abschnitte von Hildegard als Verfasserin ausgehen kann. Die Darstellung des Verhältnisses von Mann und Frau etwa oder der Liebe zwischen Adam und Eva, auch die vielen Bezüge auf den Fall Luzifers klingen „echt nach Hildegard". Da die Handschriften so jung und unvollständig sind, bleibt man vorerst bei der Suche nach den Verfassern auf die genannten stilistischen und inhaltlichen Kriterien angewiesen.

Physica und *Causae et curae* im Kontext mittelalterlicher Natur- und Heilkunde

Selten sind die Urteile über eine Schrift so verschieden ausgefallen wie in der Rezeption der unter Hildegards Namen überlieferten Natur- und Heilkunde. Vor ihrer Renaissance in den siebziger Jahren des 20. Jahrhunderts nämlich finden sich etliche abschätzige Bemerkungen über dieses „kuriose Gemisch von Mystik und Dreckapotheke". Solche Beurteilungen treffen allerdings nicht nur *Physica* und *Causae et curae,* sondern viele Zeugnisse mittelalterlicher Heilkunde, weil in der Neuzeit lange ein Verstehenshorizont für diese vormodernen medizinischen Vorstellungen fehlt. Dies gilt vielfach jedoch nicht nur für die Abwertung, sondern auch für die euphorische Wiederbelebung der unter Hildegards Namen überlieferten Natur- und Heilkunde. Etliche Veröffentlichungen sog. „Hildegard-Medizin" erwecken den Eindruck, daß Hildegards Medizin, deren „Autorin" sich ja stets als ungebildete Frau bezeichnete, ohne alle Bezüge zum sonstigen medizinischen Wissen im 12. Jahrhundert durch göttliche Offenbarungen entstanden sei.

> Einen guten Einstieg in das Verständnis mittelalterlicher Heilkunde bietet: HEINRICH SCHIPPERGES, *Der Garten der Gesundheit. Medizin im Mittelalter,* 1987.

NATURKUNDE UND MEDIZIN

Doch zu jener Zeit wurde in den Klöstern theologisches wie medizinisches Wissen gesammelt und angewandt. Gerade die Regel Benedikts, nach der Hildegard seit frühester Jugend lebt, legt großes Gewicht auf die Sorge für die Kranken als besondere Form der Christusnachfolge. Fachkräfte, die eine eigene Ausbildung durchlaufen und dann die Medizin zum Beruf machen, gibt es noch nicht. Wenn Hildegard auch medizinisch kompetent ist, entspricht das dem Wissen, das sie dem Leben im Kloster verdankt. Hildegard begründet im 12. Jahrhundert keine eigene Medizin, die die damaligen Kenntnisse von Grund auf umgestürzt hätte, sondern steht in einer Tradition, die sie zwar mit eigenen Schwerpunkten anreichert, aber im Grunde nicht verläßt. Wie in anderen schriftlichen Zeugnissen mittelalterlicher Heilkunst lassen sich auch in den unter Hildegards Namen überlieferten beiden Büchern erstens Elemente aus der Tradition, zweitens eigene Erfahrungen im Umgang mit Kranken, Krankheiten und Heilmitteln und drittens Spekulationen, warum welches Mittel in welchem Fall helfen könnte, wiederfinden.

Hildegards Vorstellungen über Bau und Funktion des menschlichen Körpers sowie die Wirkungsweise der Arzneimittel sprengen nicht den Rahmen des damals Üblichen und Verstehbaren. Leider benennt sie keine ihrer Quellen; doch läßt ihre Theorie über Entstehung und Therapie der Krankheiten eine große Vertrautheit mit der *Humoralpathologie* und der *Qualitätenlehre* Galens erkennen, die im Mittelalter aus der Antike übernommen wurde.

Humoralpathologie, von lat. *umor* = Feuchtigkeit, Flüssigkeit: die Vorstellung, Krankheiten entstünden durch die aus dem Gleichgewicht geratenen Körpersäfte.

Qualitätenlehre, von lateinisch *qualitas* = Eigenschaft: die Lehre von den Eigenschaften der vier Elemente.

Claudius Galenus, 129–199, Leibarzt des Kaisers Marc Aurel, verfaßte mehrere hundert Schriften, in denen er das medizinische Wissen der Antike zusammenstellte und mit eigenen Erfahrungen anreicherte. Die Lehre von den vier Körpersäften übernahm er von Hippokrates.

Humoralpathologie und Qualitätenlehre

Für Galen wie für Hildegard ist der Mensch ein Mikrokosmos aus vier Körpersäften, die den vier Elementen Feuer, Wasser, Erde und Luft entsprechen (und die wir heute noch sprichwörtlich in den vier Temperamenten kennen). Bei Galen heißen diese hypothetischen vier Körpersäfte, die unsichtbar im Innern des Menschen fließen, gelbe und schwarze Galle, Blut und Schleim. Hildegard spricht nur von Schleim, unterscheidet aber vier verschiedene Arten: trockenen, feuchten, schaumartigen und warmen Schleim. Wie die Welt durch die vier Elemente zusammengehalten wird, bestimmen die vier Säfte die Konstitution des Menschen. Dem Menschen geht es gut, wenn seine inneren Säfte im Gleichgewicht sind.

Diese – vormoderne – wissenschaftliche Theorie über den Menschen wird vor allem in *Causae et curae* verbunden mit theologischen Überlegungen. Der in seinen Körpersäften harmonische Mensch wird von Gott in die Harmonie der Elemente gesetzt, um – ausgezeichnet mit allen guten Gaben Gottes – zusammen mit den Elementen zu wirken. Der Mensch aber verfehlt seinen Schöpfungsauftrag, indem er den Gehorsam Gott gegenüber verweigert. Der Disharmonie im Verhältnis Mensch-Gott entspricht die Disharmonie der vier Elemente, der wiederum die Disharmonie der vier Körpersäfte entspricht. Der Ungehorsam des Menschen hat nach Hildegard makrokosmische wie mikrokosmische Auswirkungen. Krankheit ist nichts anderes als die mikrokosmische Disharmonie der vier Körpersäfte, die letztlich auf den Sündenfall zurückgeführt wird. Das heißt nicht: Individuelle Krankheit ist Folge individueller Schuld, sondern: Krankheit überhaupt (als Disharmonie des Mikrokosmos Mensch) wie Naturkatastrophen (als Disharmonie des Makrokosmos Schöpfung) sind Ausdruck einer grundsätzlichen Disharmonie von Geschöpf und Schöpfer. So beginnt das erste Buch von *Causae et curae* aus gutem Grund mit der Erschaffung der Welt und der ersten Disharmonie, nämlich der Revolte Luzifers.

Gesundheit hat im Mittelalter nichts zu tun mit einem durch Arzneimittel herbeiführbaren Zustand der Wohlbefindlichkeit, sondern mit Lebensführung in physischer, psychischer, sozialer und religiöser Hinsicht. Zur Aufrechterhaltung der Harmonie, die der Mensch ist, hat Gott ihm mit der Seele die Kraft der *discretio,* der *Unterscheidungsgabe* gegeben. Sie ist sowohl

NATURKUNDE UND MEDIZIN

in den theologischen wie medizinischen Gedanken Hildegards die grundlegendste aller Tugenden und wirkt vor allem als *moderatio*, als *Maßhaltung*. So soll der Mensch sich weder der Völlerei noch zu strengem Fasten hingeben; er soll das Verhältnis von Arbeit und Muße, von Reden und Schweigen, von Wachen und Schlafen harmonisch gestalten und sich hierfür an der natürlichen Harmonie der Tages- und Jahreszeiten orientieren.

Wird der Mensch krank, gilt es, die in Unordnung geratenen Körpersäfte wieder in Ordnung zu bringen. Dies geschieht mit Methoden wie Aderlaß, Schröpfen und Schwitzkuren, die ihren Sitz im Leben in der Humoralpathologie haben; denn sie alle sollen den Körper von krankheitserregenden Säften befreien. Zur Vorsorge soll beispielsweise die Frau gerade nach den Wechseljahren verstärkt zur Ader gelassen werden, damit dem Körper das Menstruationsblut, das auf anderem Wege nicht mehr abfließen kann und das als schädlich und fäulniserregend gilt, entzogen wird (Ursachen, S. 155f.). Das klingt für heute befremdlich, ist aber innerhalb der Überzeugung von einer *Säfte-Ökonomie* plausibel. Die Überzeugung von den vier Säften, die im Innern des Menschen verborgen sind, macht auch das große Interesse an den vom Körper ausgeschiedenen Säften verständlich. Sie sind vor allem von diagnostischer Bedeutung: Unterschieden werden Kot, Urin, Speichel, Schweiß, Tränen, Blut und Samen, die Aufschluß über den Zustand der Kranken geben.

Aus der Antike stammt auch die im Mittelalter übernommene Überzeugung von den vier Qualitäten, die eng mit den vier Säften und den vier Elementen zusammenhängt. Jeder Saft im Mikrokosmos Mensch verfügt über je eine Eigenschaft der beiden Qualitätenpaare feucht-trocken und heiß-kalt. Meistens werden die Qualitäten feucht und kalt einerseits, trocken und heiß andererseits verbunden.

Die Zuschreibung von Heilwirkungen an bestimmte Geschöpfe geschieht aufgrund ihrer Zuordnung zu diesen Qualitätenpaaren. Denn aufgrund der vielfachen Bezüge zwischen Mikrokosmos Mensch und Makrokosmos Schöpfung entsprechen den vier Qualitäten der Säfte im Innern des Menschen Qualitäten der Geschöpfe außerhalb des Menschen. Aus diesem Grund beginnt jedes Kapitel der *Physica* mit der Klärung der Frage, aus welchen der vier Elementen das beschriebene Geschöpf – ganz egal, ob es sich um eine Pflanze, ein Tier oder einen Stein handelt – besteht und ob es infolgedessen feucht oder trocken, heiß oder kalt sei. Krankheiten, die auf das Übermaß eines zu feuchten und kalten Körpersaftes zurückgeführt werden, heilt man nun mit trockenen und heißen Heilmitteln; gegen einen zu warmen und trockenen Körpersaft helfen kalte und feuchte Gegenmittel.

Diese Gegenmittel werden innerlich oder äußerlich verabreicht: als Trank oder kleine Kuchen, gemischt mit Mehl, Ei und Honig, als Salbe oder Umschlag oder – vor allem im Bereich von Kopf-, Mund- und Ohrenleiden – als Rauch, der durch Aufstreuen von Kräutern auf glühende Ziegel oder Kohle erzeugt wird. Wie die Humoralpathologie zielt auch die Qualitätenlehre darauf ab, das zerstörte Gleichgewicht im kranken Menschen wiederherzustellen.

Elemente aus der Volksmedizin und theologische Hintergründe

Nicht aus der antiken Säfte- und Qualitätenlehre, sondern aus der Volksmedizin ist ein anderes Prinzip in die unter dem Namen Hildegards überlieferte Natur- und Heilkunde eingeflossen: die *Signaturenlehre*. Steine, Pflanzen und Tiere geben durch ihre äußere Gestalt dem Menschen ein Zeichen bezüglich ihrer Verwendbarkeit. Hier wird nicht wie bei der Qualitätenlehre Entgegengesetztes genutzt, sondern Gleiches läßt sich mit Gleichem heilen: so Stechen im Leib mit der stechenden Distel (Physica, S. 117), Lungenleiden mit Lungenkraut (ebd. S. 63), dessen Blätterform an eine Lunge erinnern soll – ein Prinzip, das noch der berühmte Arzt Paracelsus kannte und nutzte und das bis in die moderne Homöopathie reicht.

Homöopathie: von griechisch *homoîos* = gleichartig, ähnlich, Therapieprinzip, bei dem in niedriger Dosierung Substanzen eingesetzt werden, die in hoher Dosis

NATURKUNDE UND MEDIZIN

Die bisher genannten Prinzipien der unter Hildegards Namen überlieferten Medizin stehen nicht im Widerspruch zu Grundgedanken ihrer Theologie. Humoralpathologie und Qualitätenlehre fügen sich gut in Hildegards Überzeugung vom Kosmos ein, in dem ursprünglich alles sein Gleichgewicht hatte. Auch die heute seltsam wirkende Signaturenlehre läßt sich schöpfungstheologisch begründen, geht es Hildegard doch darum, daß Gott sein Heil sichtbar macht in der ganzen Schöpfung. Aus heutiger Sicht denkt man bei den unter Hildegards Namen überlieferten Heilmitteln am ehesten an Pflanzen, dabei behandeln die *Physica* wie auch manch andere mittelalterliche Drogenkunde eine Vielzahl von Geschöpfen. Ihre neun Bücher sind den Pflanzen, den Elementen, den Bäumen, den Steinen, den Fischen, den Vögeln, den Tieren allgemein, den Reptilien und schließlich den Metallen gewidmet. Das Gesamt der materiellen Wirklichkeit also wird befragt nach dem Nutzen und Schaden für den Menschen. Dabei sind Pflanzen, Tiere, Steine und Metalle nicht einfach Bestandteile einer *Natur,* von der die meisten Menschen heute idyllische Vorstellungen haben, sondern Teile der *Schöpfung* und damit des sichtbaren göttlichen Heilswillens. Was heute unter Hildegards Namen als „Naturheilmittel" verkauft wird, ist im mittelalterlichen Kontext ein *re-medium,* ein Mittel, das dem Menschen hilft, zum Heil zurückzufinden, das er durch den Sündenfall verloren hat.

Die Überzeugung von einem Heil-Mittel im umfassenden Sinne führt zu weiteren, für heute befremdlichen Vorstellungen. Nicht selten stößt man sowohl in *Physica* als auch in *Causae et curae* auf magische Traditionen, zum Beispiel im Kapitel über den Farn, der gebärenden Frauen ebenso helfen soll wie Neugeborenen und alten Menschen, die an Vergeßlichkeit leiden (Physica, S. 77f.). Hinter dem Glauben an den tödlichen Atem des Basilisken läßt sich unschwer die teuflische Schlange aus der Sündenfallerzählung erkennen (Physica, S. 510). Etlichen

> den Krankheitserscheinungen ähnliche Symptome verursachen. Im heutigen Sprachgebrauch wird Homöopathie oft fälschlicherweise mit Natur- oder Pflanzenheilkunde gleichgesetzt.

> **Droge:** hier im ursprünglichen Sinne gemeint, medizinhistorische Bezeichnung für tierische oder pflanzliche Stoffe, die direkt oder in verschiedenen Zubereitungen als Heilmittel verwendet werden. Das Wort „Droge" ist wahrscheinlich verwandt mit „trocken" und weist darauf hin, dass die genannten Stoffe meist zunächst getrocknet wurden.

Apotropäisch: griechisch = abwendend: magisches Abwenden von bösen Geistern.

Heil-Mitteln werden *apotropäische Eigenschaften* zugeschrieben, so vor allem den Steinen und den Bäumen. Auch werden manche Bäume mit Tugenden und Lastern in Verbindung gebracht. Diese Vorstellungen lassen sich auf religiöse Traditionen vom Lebensbaum bzw. vom Baum der Erkenntnis von Gut und Böse im Paradiesesgarten zurückführen. Auch der Glaube an die Heilkraft der Edelsteine birgt einen reichen biblischen Hintergrund, dem im einen eigenen Kapitel nachgegangen werden soll.

Anwendung für heute?

Was ist aus heutiger Sicht zu den in *Physica* und *Causae et curae* enthaltenen Zuschreibungen von Heilwirkungen an bestimmte Drogen zu sagen? Etliche der unter Hildegards Namen überlieferten Vorstellungen halten heutigen medizinischen Erkenntnissen stand, so z. B. die Vorstellung, bei grindigen Kopfhauterkrankungen hülfen pulverisierte Klettenblüten (Physica, S. 116). Heute weiß man, daß dies an den in ihnen enthaltenen Polyacetylenverbindungen und ihren bakteriostatischen und fungiziden Eigenschaften liegt. Auch die Beobachtung, daß das Gift der Herbstzeitlose für den Menschen schädlich ist und sogar zu seinem Tode führen kann, daß das Vieh nach dem Verzehr derselben Pflanze aber nicht notwendigerweise stirbt (Physica, S. 76), hat sich als richtig erwiesen und hängt mit der unterschiedlichen Verträglichkeit des Colchicins zusammen. Es wäre doch auch verwunderlich, wenn ein Großteil dieser mittelalterlichen medizinischen Vorstellungen, die auf jahrelange Praxis in der Klostermedizin zurückgehen, Erkenntnissen der modernen *Phytotherapie* völlig widerspräche.

Phytotherapie: von griechisch *phyton* = Pflanze, Behandlung und Vorbeugung von Krankheiten mit Pflanzen, Pflanzenteilen und Pflanzenzubereitungen.

Allerdings ist das hier zugrundegelegte Verständnis von *Wirksamkeit* nicht unbedingt deckungsgleich mit den mittelalterlichen Vorstellungen aus *Physica* und *Causae et curae*. Unsere Redeweise von *wirksam* und *nicht wirksam* geht von einer *Präparatwirkung* aus,

NATURKUNDE UND MEDIZIN

d. h. von der Vorstellung, das verabreichte und eingenommene Präparat bewirke aufgrund seiner chemischen Zusammensetzung ein nachweisbares Ergebnis. Die *Präparate* mittelalterlicher Medizin aber sind weit mehr als Träger von Wirkstoffen, gerade in der Verbindung von Medizin und Kloster werden sie ja als *Heil-Mittel* im umfassenden Sinn verstanden. Nicht jede Wirksamkeit läßt sich aus Inhaltsstoffen erklären, auch Heilshoffnungen vermögen Heilerfolge zu erzielen. Es ist nicht auszuschließen, daß mittelalterliche Ratschläge, die im Sinne einer umfassenden Heil-Kunde, in der medizinische und pastorale Sorge um das Heil des Menschen eine Einheit bildeten, entstanden und befolgt wurden, sich als wirksam erwiesen – auch wenn heutige Erkenntnisse die medizinische Nutzlosigkeit ihrer Inhaltsstoffe zutage fördern. Solche *Placebo-Effekte* sind ja nicht nur ein Phänomen mittelalterlicher Medizin.

Außer der genannten Unterscheidung zwischen mittelalterlichem Heil-Mittel und modernem Präparat ergeben sich für eine Übertragung auf heutige Verhältnisse weitere Schwierigkeiten. An erster Stelle sind die oft mangelhaften Kenntnisse um Anatomie und Funktion des Menschen zu nennen. Hildegard weiß z. B. nicht genau, wie ein Mensch von innen aussieht; im *Liber Divinorum Operum* meint sie wiederholt, alle Eingeweide seien am Innern des Bauchnabels befestigt (Wirken Gottes, S. 191). Das reguläre Sezieren von Leichen aus anatomischem Interesse ist eine wirkliche Errungenschaft der Neuzeit! Auch der Stoffwechsel ist mittelalterlichen Autoren nicht bekannt. Diagnosen, wie wir sie in *Causae et curae* finden, sind kaum mehr als Symptombeschreibungen: „Wenn jemand Schmerzen im Kopf hat ..." Ob sich diese Schmerzen aber nun auf Hunger oder Streß, auf Migräne oder einen gutartigen oder bösartigen Hirntumor zurückführen lassen, muß offen bleiben. Krankheitsnamen fehlen ganz oder bezeichnen – wie z. B. die Gicht – eine Vielzahl von Symptomen, die mit unserer heutigen Gicht nicht das geringste zu tun haben.

Ähnlich vage sind mittelalterliche Mengenangaben, die an Eindeutigkeit zu wünschen übrig lassen und sich oft mit Anweisungen begnügen wie „etwas von" oder „doppelt so viel wie".

Auch etliche Bezeichnungen der Drogen in *Physica* und *Causae et curae* lassen sich nicht eindeutig mit heutigen Namen von Pflanzen, Tieren und Steinen identifizieren. Eine klare Nomenklatur für Pflanzen und Tiere schuf erst Carl von Linné 1753. Schon im Lateinischen gibt es vorher keine einheitliche Regelung, welche Droge unter welchem Namen aufgeführt wird, ihre Bezeichnungen variieren von Autor zu Autor. Für die unter Hildegards Namen überlieferte Natur- und Heilkunde ist eine Identifikation oft noch schwieriger, da etliche Drogen nicht in Latein, sondern in einem regionalen Dialekt des Mittelhochdeutschen aufgeführt werden. Dies könnte ein Hinweis darauf sein, daß hier nicht aus älteren Quellen benutztes Wissen wiedergegeben wird, sondern eigene Erfahrungen den Hintergrund bilden. Die Übersetzungen erwecken mit ihren deutschen Tier-, Pflanzen- und Steinnamen den Eindruck einer Eindeutigkeit, die trügt. So lesen wir zum Beispiel die Warnung vor dem Verzehr der Erdbeere, die Schleim im Menschen verursache (Physica, S. 172). Viele Anhänger einer sogenannten Hildegard-Medizin sehen in dieser Warnung einen Beweis für den göttlichen Ursprung der *Physica,* habe Hildegard doch schon im 12. Jahrhundert Kenntnis von einer Erdbeer-Allergie gehabt, unter der heute nicht wenige Menschen leiden – und meiden fortan den Genuß von Erdbeeren. Nun gibt es etliche Medizinhistoriker, die in dieser Stelle keine Warnung vor unserer Gartenerdbeere, sondern vor der im Mittelalter viel weiter verbreiteten Walderdbeere lesen. Diese Warnung wäre im mittelalterlichen Kontext plausibel, fühlt sich die Walderdbeere doch im schleimigen und fauligen Boden wohl, was sie mittelalterlichen Botanikern verdächtig macht.

Dieses Beispiel möge verdeutlichen, wie grotesk eine heutige Argumentation damit ist, Hildegard habe in ihrer Medizin dies oder jenes empfohlen. Die inhaltliche Berufung auf den visionären Ursprung der unter ihrem Namen überlieferten Natur- und Heilkunde verbietet sich aufgrund theologischer Redlichkeit im Umgang mit dem Glauben an die Offenbarung.

> Eine fundierte Darstellung etlicher unter Hildegards Namen überlieferten Heilpflanzen bietet die Medizinhistorikerin IRMGARD MÜLLER, *Die pflanzlichen Heilmittel bei Hildegard von Bingen. Heilwissen aus der Klostermedizin*, 1993. Sie vergleicht die in *Physica* genannten Indikationen mit Drogenkunden anderer antiker und mittelalterlicher Autoren.

Vorsicht vor Vermarktung!

Ein Blick in das Hildegard-Sortiment des Buchhandels erweckt den Eindruck, die Rückbesinnung auf die Benediktinerin aus dem Mittelalter liefere konkrete Lösungen bei heutigen Krankheiten. Diese „konkreten Lösungen" beruhen aber auf oft fragwürdigen Identifikationen mittelalterlicher Symptombeschreibungen mit modernen Krankheitsnamen und machen glauben, Hildegard habe ganz detaillierte Ratschläge (inklusive genauen Mengenangaben in Gramm und Litern) zur „ganzheitlichen Behandlung" (so der Titel einer Veröffentlichungsreihe) von Rheuma, Asthma, Frauenleiden, Migräne, selbst Krebs gegeben. Im Internet trifft man sogar auf eine Suchmaschine, die nach dem Eintippen einer heutigen Krankheitsbezeichnung die entsprechenden Heilmittel der sog. „Hildegard-Medizin" vorschlägt. Natürlich kann man die empfohlenen Hildegard-Produkte unter derselben Internet-Adresse bestellen.

Die Weisheit mittelalterlicher Medizin, die den kranken Menschen als krank in seinen leib-seelischen, sozialen und religiösen Bezügen begreift, ist hier dem ganz und gar modernen verkürzten Verständnis gewichen, daß es gegen störende Symptome Präparate gibt, die man kaufen kann und nach deren Einnahme die störenden Symptome zu verschwinden haben. Und trägt ein Präparat erst einmal den Namenszusatz „Hildegard", ist es oft um ein Vielfaches teurer als ohne diese Bezeichnung. Anders als etwa der Name „Sebastian Kneipp" sind weder der Name „Hildegard von Bingen" noch die allgemeine Bezeichnung „Hildegard" gesetzlich geschützt. Das führt zu einer erstaunlichen Vielfalt unter den derzeit erhältlichen sog. „Hildegard-Produkten".

Hier sind auch die vielen Koch- und Backbücher mit dem Titelzusatz „Hildegard" oder „Hildegard von Bingen" zu nennen, die auf Autoren des 20. Jahrhunderts zurückgehen. Besonders was die Verwendung des Dinkels angeht, erfreut sich die Verwendung von Hildegards Namen größter Beliebtheit. So entsteht der Eindruck, Hildegard habe in ihrer Klosterküche Rezepte für Dinkelbrot, Dinkelplätzchen, selbst Dinkelmüsli und

Dinkelaufläufe entwickelt. Und das alles nur, weil sich in den *Physica* im Kontext der Stellungnahme zu mehreren Getreidesorten (Weizen, Roggen, Hafer und Gerste werden ebenfalls dargestellt) auch einige wenige Sätze über den Dinkel finden, in denen seine Bekömmlichkeit gepriesen wird, so daß er, in Wasser mit Ei oder Butter aufgekocht, auch als Krankenspeise empfohlen wird (Physica, S. 45). Das ist dann aber auch wirklich alles, was unter Hildegards Namen zum Dinkel überliefert ist. Wunderheilungen werden ihm nicht einmal im Rahmen mittelalterlicher Heilkunde zugeschrieben.

Die Suche nach Alternativen zur Schulmedizin treibt sicher in vielen Bereichen ähnlich fragwürdige Blüten, der Erfolg des Etiketts „Hildegard von Bingen" aber hängt nicht zuletzt mit dem Vertrauensvorschuss zusammen, den dieser Name gerade im kirchlichen Milieu freisetzt. Hildegard gilt vielen als fromme Kräuterfrau, in deren Schriften sich gegen jedes Wehwehchen ein Kraut gewachsen findet. Angesichts der höchst professionellen Vermarktung sog. „Hildegard-Produkte" drängt sich nicht selten der Verdacht auf, daß hier ganz gezielt mit der Enttäuschung von der Schulmedizin und einer oft religiösen Sehnsucht nach Heilung und Heil Geschäft gemacht wird. Bedauerlich ist, daß auch etliche kirchliche Bildungseinrichtungen Hildegard-Kochkurse, Hildegard-Heilfasten und dergleichen anbieten, was in Einzelfällen durch die Flut der vielen falschen Informationen zu entschuldigen sein mag. Kaum zu entschuldigen ist jedoch die Tatsache, daß sich die genannte Hildegard-Literatur keineswegs nur in esoterischen Verlagen findet. Auch Verlagshäuser, die bei vielen Zeitgenossen den Bonus des „Kirchlichen" haben, nutzen diesen Trend und bringen entsprechende Publikationen auf den Markt. Die eindeutige Warnung der Stiftung Warentest vor einer sogenannten Hildegard-Medizin ist viel zu wenig bekannt.

Im *Pschyrembel Naturheilkunde und alternative Heilmethoden* von 1998 findet sich unter dem Stichwort „Hildegard-Medizin" folgende Erklärung: „wissenschaftlich unhaltbare, vor allem an kommerziellen Interessen ausgerichtete Bezeichnung für therapeutische Mittel (z.B. Pflanzen und Edelsteine), die sich an den Schriften der Hildegard von Bingen orientieren" (S. 127).

STIFTUNG WARENTEST: *Handbuch Die Andere Medizin. Nutzen und Risiken sanfter Heilmethoden*, 1996. Zur „Hildegard-Medizin" vgl. S. 239–241, zum sog. „Krebsmanagement" nach Hildegard S. 344.

Edelsteine als Heil-Mittel

Der vierte Teil der unter Hildegards Namen überlieferten *Physica* ist *de lapidibus, von den Steinen* überschrieben und erfreut sich im Rahmen des derzeitigen Hildegard-Booms besonderer Aufmerksamkeit. Die 26 kurzen Kapitel behandeln diverse Edel- und Halbedelsteine, auch die Perlen, die man in Antike und Mittelalter zu den Edelsteinen zählte, ebenso Magnet und Kalk. Vor allem das Vorwort zu diesen Kapiteln weist etliche Gemeinsamkeiten mit Inhalten und Formulierungen aus Hildegards gesichertem Werk auf. Gerade an den Edelsteinen, deren Wertschätzung Hildegards gesamte Schriften durchzieht, läßt sich zeigen, wie plausibel ihre Verwendung als Heil-Mittel im mittelalterlichen Kontext ist. Sie liefern ein überzeugendes Beispiel für die untrennbare Einheit von medizinischem und pastoralem Bemühen.

HEINRICH SCHIPPERGES, *Geheimnisvoller Edelstein. Symbol der Heilkraft bei Hildegard von Bingen*, 1997.

Die Herkunft der Edelsteine aus dem Paradies

In der Vorrede zum Steine-Buch der *Physica* finden wir eine Erklärung der Entstehung von Edelsteinen: In heißen Gegenden treten Flüsse über die Ufer und berühren Berge, die von der Sonne erhitzt sind. An der Berührungsstelle der Flüsse mit den heißen Bergen entsteht Schaum. Wenn die Flüsse nun wieder in ihr Bett zurückfinden, wird dieser bleibende Schaum durch das Strahlen der Sonne trocken und fest. Bei der nächsten Überschwemmung nehmen die Flüsse die so entstandenen Edelsteine mit und führen sie in andere Gegenden, so daß sie von den Menschen überall auf der Welt gefunden werden können (Physica, S. 297f.). Diese Schilderung ist bemüht, die Konsistenz der Edelsteine im Rahmen des bekannten Schemas von den vier Elementen und den vier Qualitäten festzumachen. Edelsteine sind nichts anderes als die getrocknete und erhärtete Verbindung der beiden Elemente Feuer und Wasser.

Damit verfügen sie über die heilsamen Qualitäten warm und feucht und lassen sich zur Regulierung des aus dem Gleichgewicht geratenen Vier-Säfte-Systems im Menschen nutzen. Diese im mittelalterlichen Sinne plausible naturwissenschaftliche Erklärung bietet jedoch eine zusätzliche Perspektive: Die Berührung der Flüsse mit den Bergen findet nämlich im Osten statt. Hier liegt eine eindeutige Anspielung auf die Schöpfungserzählung in Genesis, Kap. 2 vor, liegt doch der Garten Eden, von dem aus vier Flüsse die ganze Welt bewässern, ebenfalls im Osten. Der erste dieser vier Flüsse wird mit einem Land in Verbindung gebracht, in dem es Gold und Edelsteine gibt (Gen 2,12). Mittelalterliche Karten zur Zeit Hildegards sehen die Welt als Kreis, an dessen oberem Rand die Himmelsrichtung Osten und nicht selten auch eine Darstellung des Paradieses eingetragen ist. Man kann sich leicht vorstellen, wie die hier entstandenen Edelsteine nun über die Verbindung der Weltmeere aus den Flüssen im östlichen Paradies in die Flüsse anderer Länder geschwemmt werden. Die Edelsteine erinnern die Menschen, die sie finden, an ihre ursprüngliche Heimat im Paradies, aus der sie durch den Sündenfall vertrieben wurden. Der Sündenfall spielt in Hildegards Vorstellung ja auch eine konstitutive Rolle für die Entstehung von Krankheiten. Nun wird deutlich, in welch umfassenden Sinn die Edelsteine heilsam für den Menschen sind.

Der Sündenfall geht nach Hildegard nicht allein auf das Konto des Menschen, vielmehr hat er seine Wurzeln in der präexistenten Revolte Luzifers im Himmel. Auch hier spielen die Edelsteine eine wesentliche Rolle, die mit Luzifers besonderem Rang unter den übrigen Engeln zusammenhängt: „Denn Gott hatte den ersten Engel wie mit Edelsteinen geschmückt" (Physica, S. 298). Aber Luzifer verweigerte Gott den Gehorsam und stürzte aus dem Himmel in die tiefste Finsternis. Gott ließ jedoch „weder die Schönheit noch die Kraft dieser Edelsteine zugrunde gehen, sondern er wollte, daß sie auf der Erde seien zu Ehre und Segnung und für die Heilkunst" (ebd.). Auch hinter diesen Überlegungen verbirgt sich eine Bibelstelle aus dem Alten Testament: Beim Propheten Ezechiel wird der Sturz des

Königs von Tyrus beschrieben, der im Gottesgarten Eden unter anderem durch eine Vielzahl von Steinen geschmückt war. Aber dieser König, der in der besonderen Nähe zu Gott leben durfte, verfiel in Sünde. Das göttliche Urteil über ihn lautet: „Hochmütig warst du geworden, weil du so schön warst. Du hast deine Weisheit vernichtet, verblendet vom strahlendem Glanz" (Ez 28,17). Schon viele Jahrhunderte vor Hildegard lasen etliche Kirchenväter diese Bibelstelle als Aussage nicht über den König von Tyrus, sondern über Luzifer, den schönsten Engel, der durch Hochmut seine Sonderstellung in der Nähe Gottes verlor. Hildegard knüpft an diese Tradition an, wenn sie die apotropäische Funktion der Edelsteine, die sie in der Volksmedizin vorfindet, theologisch mit dem Engelsturz begründet: „Der Teufel scheut und haßt und verschmäht die Edelsteine, weil er sich erinnert, daß ihre Schönheit in ihnen erschien, bevor er von der ihm von Gott verliehenen Ehre hinabstürzte" (Physica, S. 297). Das Feuer, aus dem die Edelsteine neben Wasser ja auch bestehen, erinnert den Teufel sowohl an das Feuer, in dem er nun seine Strafe hat, als auch an das Feuer des Heiligen Geistes, das ihm ebenfalls zuwider ist.

Die Entstehung der Edelsteine im Rahmen heilsgeschichtlich relevanter Tageszeiten

Damit sind die vielfältigen Bezüge zwischen Medizin und Theologie für die Edelsteine in Hildegards Werk noch lange nicht ausgeschöpft. Die Edelsteine unterscheiden sich durch eine je andere Mischung von Feuer und Wasser, aus denen sie entstanden sind. Es gibt mehr oder weniger warme und feuchte Edelsteine. Darüber, wie warm und feucht ein Edelstein ist, gibt seine Farbe Auskunft, denn sie läßt Rückschlüsse zu auf die Tageszeit, in der der Schaum, aus dem er ursprünglich bestand, von der Sonne getrocknet und gehärtet wurde.
Diese Vorstellung erklärt die Anordnung der in *Physica* dargestellten Steine: Eröffnet wird sie vom grünen Smaragd, der entsteht, wenn die Sonne aufgeht und die Luft voll fruchtba-

rer Grünkraft ist, der er seine Farbe und seine Heilkraft verdankt (Physica, S. 307). Wenn Hildegard die Entstehung der einzelnen Edelsteine verschiedenen Tageszeiten zuordnet, tut sie das vor dem Hintergrund der für sie durch die benediktinische Liturgie geordneten Tageszeiten. Es ist alte Tradition, jede *Hore* symbolisch mit einem Ereignis aus der Heilsgeschichte zu verbinden, z. B. das Morgenlob mit der Auferstehung, das Mittagsgebet mit der Inkarnation und die Komplet, das Nachtgebet, mit Tod und Grabesruhe Christi. Die Zeit eines jeden Tages wird so eingebettet in das Gesamt der Heilszeit, die sich wiederum im Mikrokosmos jeden Tages wiederfinden läßt. Weiß man um diesen Hintergrund, wird vieles von den den einzelnen Steinen zugeschriebenen Heilwirkungen verständlich. So ist es alles andere als Zufall, daß der Stein, der nach Hildegard durch die Sonne zur Mittagszeit entsteht, der Saphir ist. Er „bezeichnet die vollkommene Liebe zur Weisheit" und wird unter anderem empfohlen, um zu Klugheit und Einsicht zu gelangen (Physica, S. 306 f.). Der Mittag als Mitte der täglichen Zeit ist insbesondere auf die Menschwerdung hingeordnet, die als Mitte der Heilszeit zwischen Schöpfung und Sündenfall einerseits sowie Vollendung und Wiederkunft Christi andererseits begriffen wird. Was hat nun der Saphir – außer daß er am Mittag entsteht – mit Christus und sodann mit Klugheit und Einsicht, zu denen er verhelfen soll, zu tun?

Auch hinter diesem scheinbaren Unsinn verbirgt sich ein plausibler biblischer Hintergrund, zudem ist der Saphir ein Stein, der ausdrücklich auch in *Scivias* erwähnt wird. Hier beschreibt Hildegard ein überhelles Licht und ein rötliches Feuer, die einander um- und durchglühen und in denen sie eine saphirfarbene Menschengestalt sieht. Das überhelle Licht bezeichnet den Vater, das rötliche Feuer den Geist und die saphirfarbene Menschengestalt den Sohn (Scivias, S. 118). Im Alten Testament wird beschrieben, wie im Kontext des Bundesschlusses am Sinai Gott sich Mose und den Ältesten zeigt – und zwar auf einem Boden, der wie mit Saphir ausgelegt ist und glänzt wie der Himmel (Ex 24,10). Auch im Saphir Christus zeigt sich

---

Hore: lateinisch *hora* = Stunde, im liturgischen Sinn die zu einer bestimmten Stunde am Tag gefeierte Tagzeitenliturgie.

EDELSTEINE ALS HEIL-MITTEL

Gott, auch in ihm scheint etwas vom Glanz des Himmels auf. Nicht nur das – ein Edelstein will ja nicht nur gesehen, sondern im wahrsten Sinne des Wortes be-griffen werden: Im Saphir Christus macht Gott sich be-greifbar, anfaßbar.
Im Zusammenhang ihrer Dreieinigkeitstheologie in *Scivias* erklärt Hildegard die Konsistenz der Edelsteine, die verblüffende Ähnlichkeit mit der Erklärung im vierten Buch der *Physica* hat: Im Stein seien feuchte Grünkraft, greifbare Festigkeit und glänzendes Feuer (Scivias, S. 120). Die getrocknete und erhärtete Feuchtigkeit und Hitze der Edelsteine werden hier ergänzt durch die Anfaßbarkeit, so daß Hildegard in den von ihr als drei Kräften bezeichneten Eigenschaften des Edelsteins als Sinnbildern der Dreieinigkeit sprechen kann. Die lebensspendende feuchte Grünkraft bezeichnet den Vater, das glänzende Feuer den Geist, die greifbare Festigkeit den Sohn.
Die schon bekannte lautliche Verwandtschaft im Lateinischen macht um so verständlicher, daß nicht irgendein Stein, sondern ausgerechnet der Saphir zum Symbol der Begreifbarkeit Gottes in Christus wird: *sapphirus* erinnert an *sapientia*, die Weisheit. Hildegard ist noch mit der alten Deutung vertraut, die die spätalttestamentliche Gestalt der Weisheit, die vor aller Schöpfung aus Gott hervorging und ihm bei der Entstehung der Schöpfung behilflich war, mit Christus identifiziert. So wird verständlich, daß der Saphir am Mittag, der Zeit der Inkarnation, entsteht und daß er den Menschen zu Klugheit und Einsicht verhilft. *Sapientia* wiederum ist ja verwandt mit *sapere,* riechen/schmecken. Vor diesem Hintergrund dürfte es auch kein Zufall sein, daß der Mensch der heilsamen Kräfte dieses Steines vor allem dadurch teilhaftig wird, daß er ihn in den Mund nimmt, so daß es zu einer Vermischung seiner Kräfte mit Speichel kommt (Physica, S. 307).
Die hier am Beispiel des Saphirs skizzierten vielfältigen Bezüge zwischen Bibelauslegung und etymologischer Verwandtschaft machen deutlich, daß das Steinebuch der *Physica* einen vielschichtigen Hintergrund voraussetzt. Aus diesem Zusammenhang gelöst, verkommen die Empfehlungen zu den Heil-Kräften der einzelnen Steine zu magischen Automatismen, mit

denen Heilung verfügbar wird. Wer nun, weil er dies bei Hildegard liest, einen Saphir in den Mund nimmt und auf Klugheit und Einsicht hofft, wird der reichhaltigen symbolischen Verwurzelung dieser Empfehlung in keinster Weise gerecht. Aber so wirbt allen Ernstes ein Verlagsprospekt: „Altes Heilwissen neu entdeckt: Die magische Wirkung der Edelsteine auf unsere Gesundheit. Rezepte und Erkenntnisse der hl. Hildegard von Bingen. Worin liegt die geheimnisvolle Heilkraft der Edelsteine? Amethyst: für schöne Gesichtshaut. Achat: hilft bei Insektenstichen ..." Auch hier trifft man auf die nun schon bekannte moderne Verkürzung eines Heil-Mittels zum magischen Präparat, das störende Symptome beseitigen soll.

Wenn Wunden Edelsteine werden

In Hildegards Empfehlungen der Edelsteine als Heil-Mittel schwingt dagegen immer das umfassende Heil, zu dem Gott den Menschen geschaffen hat, mit. Aber auch das Heil, das Hildegard im Blick hat und in dem Platz sowohl für die leibseelische als auch die religiöse Dimension des Menschen ist, ist nicht einfach im Mittel des Edelsteins *zu haben*. Was die konsequente Symbolik der Edelsteine angeht, offenbart Hildegards Gesamtwerk eine erstaunliche Tiefe, die vor diesem Mißbrauch bewahrt. Die Verbindung der Edelsteine zum Anfang der Heilszeit, zur präexistenten Revolte Luzifers und zu den Paradiesesflüssen, ist bereits bekannt. Hilfreich ist ein abschließender Blick auf Hildegards Verbindung der Edelsteine mit dem Ende der Heilszeit.

In ihrem Singspiel *Ordo virtutum* beschreibt Hildegard den Weg des Menschen: Die Tugenden umwerben die Seele, denn Gott will den Menschen zur Zusammenarbeit gewinnen; die Seele jedoch läuft in die offenen Arme des Teufels, wodurch sie schwer verletzt wird. Als sie ihre Wunden erkennt, bittet sie die Tugendkräfte um Hilfe. Nun gelingt es den Tugendkräften, den Teufel zu fesseln (Lieder S. 310). Das Drama endet mit einem Epilog, der die vorausgegangene Handlung vom

EDELSTEINE ALS HEIL-MITTEL

Kampf der Seele einbettet in das Drama der gesamten Heilsgeschichte. Er berichtet vom Eintreten Christi vor dem Vater am Ende der Zeit: Christus erinnert ihn an seinen ursprünglichen Heilsplan mit der Schöpfung. Dieser Monolog Christi findet sich wörtlich auch in der Apokalypse des *Liber Diviorum Operum:* „Jetzt erinnere Dich daran, daß die Fülle, die am Anfang geschaffen wurde, nicht verdorren durfte. Damals hattest Du in Deinem Sinn, Dein Auge nicht abzuwenden, bis Du Meinen Leib voller Edelsteine siehst. (…) Vater, sieh her, Ich zeige Dir Meine Wunden. Also, ihr Menschen, beugt eure Knie vor eurem Vater, damit Er euch seine Hand entgegenstreckt" (Wirken Gottes, S. 416).

Die Seele ist also mit ihren Wunden am Ende nicht die Einzige, ihre Heilung verdankt sie den Wunden des Gekreuzigten, mit denen er siegreich aus dem Kampf mit Teufel und Tod hervorgegangen ist. Die christliche Tradition hat den Wundmalen Christi immer große Aufmerksamkeit geschenkt. Hinter diesem scheinbaren Detail steckt wohl auch die tiefe Weisheit, daß der Glaube an Ostern nicht alle Wunden dieser Welt einfach ausschaltet, sondern ganz im Gegenteil sehr ernst nimmt. Gott ist einer, der letztlich gebrochene Herzen heilt und schmerzende Wunden verbindet (Ps 147,3), aber der Weg zu dieser Heilung führt mitten durch den Schmerz und nicht an ihm vorbei. Daher sind auch die Wunden nach der Auferstehung noch sichtbar, aber sie sind gewandelt, verklärt zu Edelsteinen, wie es in einem Osterlied heißt. Diese tiefe Symbolik läßt sich auch an manchem edelsteinbesetzten Kreuz entdecken, das hinter scheinbar triumphalistischer Prachtentfaltung dem Leiden einen tiefen Sinn zu geben versucht. Die zu Edelsteinen gewandelten Wunden markieren eine Kontinuität und eine Identität: Der Auferstandene ist der Gekreuzigte.

In Hildegards Darstellung sind die Wunden des Gekreuzigten und Auferstandenen nach wie vor offen, erst am Ende der Zeit werden sie gewandelt zu Edelsteinen. Zwischen Ostern und Endzeit gibt es immer noch zu viel Leid und Unheil. Die offenen Wundmale Christi weisen auf seine Solidarität mit allen, die Wunden tragen, hin. Erst am Ende der Zeit greift die Kraft von Ostern ohne jeden Vorbehalt durch. Wenn Christus in den letzten Tagen fürbittend für seine Schöpfung vor den Vater tritt, wird deutlich, daß die Heilung der Geschöpfe vom Menschen aus weder machbar noch verdient, sondern vielmehr ungeschuldetes Geschenk ist. Möglich ist sie, weil Christus für den Menschen einen Kampf gekämpft hat, der ihn viele Wunden gekostet hat. Wenn diese Wunden am Ende der Heilsgeschichte zu Edelsteinen an seinem Leib werden, schließt sich auch der Kreis mit dem edelsteingeschmückten Leib Luzifers am Beginn der Heilsgeschichte: Am Ende erweist sich Christus als der wahre Luzifer. Die Heil-Mittel seiner nun zu Edelsteinen gewandelten Wunden wirken nicht automatisch. Nun nämlich kommt Hildegards kooperative Gnadentheologie zum Zuge: Der Mensch ist eingeladen, sich selber auf diese Heilung einzulassen. Auch seine Wunden sind wandelbar in den gewandelten Wunden Christi, aber diese Wandlung geschieht nicht am Menschen vorbei.

Die Narben der Edelsteine im Himmlischen Jerusalem

Hildegard hat zum Kirchweihfest ihrer Klosterkirche eine Sequenz geschrieben, in der sie das biblische Bild vom Himmlischen Jerusalem auf die Kirche anwendet. Im letzten Buch der Bibel, der Offenbarung des Johannes, wird die neue Stadt Jerusalem beschrieben, die Sinnbild der neuen Schöpfung ist. Gebaut ist sie auf einem Fundament von Edelsteinen, und zwölf Perlen bilden ihre Tore (Offb 21,19–21). Hildegard macht sich in ihrer Dichtung den ebenfalls biblischen Gedanken zunutze, daß die Christen lebendige Steine eines geistigen Hauses seien (1 Petr 2,5), und verbindet beide Bibelstellen zu einem erstaunlichen Bild: „Jerusalem, dein Fundament wurde gelegt mit versengten Steinen, nämlich mit Zöllnern und Sündern, die verlorene Schafe waren, aber vom Sohn Gottes gefunden, liefen sie zu dir und wurden in dich eingesetzt. Daher blitzen deine Mauer von lebendigen Steinen" (Lieder, S. 256, in eigener Übersetzung). Auch hier wirkt die Erlösung durch Christus nicht im Sinne eines Automatismus, sondern befähigt den Menschen, im Umgang mit seiner Schuld selber aktiv zu werden. Christus findet zwar die verlorenen Sünder, aber Hildegard legt Wert darauf, daß sie sich dann offensichtlich selber auf den Weg nach Jerusalem machen. Nur so werden sie zu tragenden und strahlenden Steinen. Bedenkt man, daß diese Sequenz für Hildegards Schwesterngemeinschaft entstand, offenbart die Vielschichtigkeit der Bildersprache die seelsorgliche Kompetenz der erfahrenen Äbtissin, die hier auch dem Versagen in ihrem Konvent einen sinnvollen Platz im geistigen Haus aus lebendigen Steinen zuweist.

Ähnliche Bilder bemüht Hildegard in einem Mahnbrief an Bischof Günther von Speyer: „Das Fundament des himmlischen Jerusalem wurde zuerst mit Steinen gelegt, die durch große Stürze gespalten und durch Risse ihrer Laster verunstaltet waren [wörtlich: die vom vielen Hinfallen verwundet und mit den Narben der Laster befleckt waren], aber hernach ihre Mißetaten in Reue untergehen ließen. Dieses erste Fundament hat der Baumeister der Welt mit rauen und ungeglätteten [wörtlich: mit runzeligen und ungeschliffenen] Steinen gelegt, und diese Steine tragen die ganze Stadt Gottes. Fliehe daher die Ausgelassenheit der schiffbrüchigen, in Unreinheit liegenden Welt, und sei dem Sardis gleich und dem Topas ..." (Briefwechsel, S. 62 f.). Hier entspricht der Begriff der Reue der bildhaften Vorstellung, daß die Sünder selber nach Jerusalem laufen. In der Reue darf der Mensch aktiv werden im Umgang mit seiner Schuld. Wie tröstlich ist diese Interpretation der Edelsteine im Fundament des Himmlischen Jerusalem: Hildegard denkt nicht an makellose Heilige, auf denen die Kirche steht, sondern an unreine Sünder mit Wunden und Narben! Gerade sie bilden in ihrer Rauheit und Unbehauenheit das Fundament aus Edelsteinen, die den Glanz Gottes widerspiegeln dürfen. Die in der Reue angenommene und bejahte Schuld wird zum Einfallstor der Gnade.

Die wunderbare Heilung einer kranken Frau

Heil-Mittel verknüpfen den kranken Menschen mit dem Heil, auf das hin Gott ihn eigentlich geschaffen hat. Mitten im Unheil erinnern sie ihn einerseits an das Heil des Paradieses vom Beginn der Heilsgeschichte, andererseits verweisen sie ihn auf das Heil des Himmlischen Jerusalem am Ende der Zeit. Diese Grundüberzeugung Hildegards läßt sich nicht nur an den Edelsteinen belegen.

Das dritte Buch der *Vita* listet eine ganze Reihe wundersamer Heilungen auf, die im Dienste des Bemühens um die Heiligsprechung der berühmten Äbtissin aufgezeichnet wurden. Die Namen der geheilten Personen werden meistens nicht überliefert. Eine Sonderstellung nimmt die Heilung einer Frau namens Sigewiza ein, deren Darstellung sich über drei Kapitel erstreckt. Hier liegt kein einheitlicher Text vor, d. h. es sind verschiedene Einarbeitungen und Redaktionen, auch verschiedene und sogar widersprechende Auffassungen erkennbar. Ein gut herauslesbarer einheitlicher Strang aber weist etliche Kennzeichen im Umgang mit Krankheit und Heil(ung) auf, die Hildegards Verständnis entsprechen und veranschaulichen. An dieser Erzählung soll abschließend noch einmal deutlich werden, wie fremd uns Hildegards mittelalterlicher Kontext ist und bleibt. Gleichzeitig aber enthält diese Erzählung – ähnlich den biblischen Heilungswundern – eine symbolische Tiefe, deren Lebensweisheit von zeitloser Gültigkeit ist.

Die *Vita* weiß von einer adeligen Frau, die am Rhein in der Nähe von Köln erkrankt. Von dort kommen Boten zu Hildegard und berichten ihr, daß diese Frau vom Teufel besessen sei. Hildegard gibt sich mit dieser Information nicht zufrieden und reflektiert, wie die Gestalt des Teufels in den Menschen eindringen könne – und kommt zu einem erstaunlichen Ergebnis: Sie distanziert sich ausdrücklich davon, daß der Teufel wirklich von einem Menschen Besitz ergreifen könne. Vielmehr geht sie davon aus, daß er nur das Erkenntnisvermögen des Menschen umnebele und „durch ihn wie durch ein Fenster" rufe (Vita, S. 203). Diese Nuance ist im Kontext mittelalterlicher Besessenheitsvorstellungen erstaunlich und paßt zu Hildegards hoher Meinung von der Erkenntnisfähigkeit des Menschen, die zwar durch den alten Widersacher beeinträchtigt, aber nicht grundsätzlich aufgelöst werden kann. Der Teufel kann die Seele mit ihrer göttlichen Erkenntnisfähigkeit betäuben, aber nicht wirklich besitzen. Hildegards Vorstellung von der Wirkung des Teufels auf die kranke Frau erinnert an ihre Schilderung des Sündenfalls in *Scivias,* auch hier haucht die teuflische Schlange die unschuldige Eva im Paradies an und umnebelt ihre Erkenntnis von Gut und Böse.

Die angebliche Besessenheit der kranken Frau beeinträchtigt sowohl sie selber als auch durch ihr Betragen die ganze Umwelt. Die *Vita* berichtet von mehreren vergeblichen Exorzismen, die in der nahen Benediktinerabtei Brauweiler unter Abt Gedolph von mehreren Priestern durchgeführt werden. Sie scheinen zwar kurzzeitig eine Linderung zu bewirken, doch dann stellt sich der ursprüngliche Zustand wieder ein. So beschließt man, die kranke Frau zu Hildegard nach Bingen zu bringen – verbunden mit der Erwartung, daß nun die heilkundige berühmte Äbtissin einen wirkkräftigeren Exorzismus ausspreche. Doch nichts dergleichen geschieht. Die Schwestern aus Hildegards Kloster sind offensichtlich erschrocken über den Zustand der kranken Frau, und doch schaffen sie es, sie „ohne männliche Hilfe in den Wohnräumen der Schwestern" unterzubringen (Vita, S. 219). Hildegard nimmt also die kranke Frau in ihre Klostergemeinschaft auf. Dies geschieht an einem symbolträchtigen Datum: am 2. Februar, dem Fest Mariä Reinigung (heute Darstellung des Herrn), das im Mittelalter sowohl den Weihnachtsfestkreis beschließt als auch die weitere Vorbereitung auf Ostern im Vorfeld der vierzigtägigen vorösterlichen Fastenzeit eröffnet.

Exorzismus: Beschwörung und Austreibung von bösen Geistern z. B. durch Gebet, Drohung, Handauflegung, Kreuzzeichen.

Hildegard und ihre Schwestern lassen sich in keiner Weise von dem abstoßenden Betragen der kranken Frau beeindrucken, wie die *Vita* ausdrücklich erwähnt. Sigewiza darf so sein, wie sie ist. Unterdessen aber unternehmen nicht nur die Schwestern etliches zu ihrem Wohl: In der Zeit zwischen ihrer Ankunft am 2. Februar und dem Samstag vor Ostern fasten und beten sowohl die Konventsmitglieder als auch die Männer und Frauen der Umgebung stellvertretend für die kranke Frau, auch werden Almosen um ihrer Heilung willen gespendet. Während dieser Zeit äußert sie vielerlei Irrtümer in Glaubenssachen, ausdrücklich stellt die Vita einen Bezug dieser Irrtümer mit der Lehre der Katharer her, die Hildegard im Gespräch widerlegt (Vita, S. 221). Das könnte auf einen historischen Kern der ganzen Erzählung hinweisen, vielleicht hat Hildegard eine Katharerin als Gast in ihr Kloster aufgenommen, in einem Prozeß mit Gesprächen begleitet und schließlich von der Falschheit dieser Ideologie überzeugt.

Der Prozeß des stellvertretenden Fastens und Betens und der Gespräche mit Hildegard über den wahren Glauben mündet ein in die Feier der Osternacht. Als in diesem liturgischen Rahmen das Taufwasser geweiht wird, erfährt die kranke Frau Heilung. Warum ausgerechnet bei der Taufwasserweihe? Die *Vita* zitiert Genesis 1,2, wo vom Schweben des Geistes Gottes über den Wassern der Schöpfung die Rede ist, eben dieser Geist Gottes ist es, der in der Taufe mit Wasser am Werk ist. Er ist es auch, der der Umnebelung der kranken Frau durch den Teufel ein Ende setzt. Nicht Hildegard spricht einen Exorzismus, sondern die Kraft des Höchsten selbst schafft sich Raum im Körper der Frau. In echt mittelalterlicher Manier beschreibt die *Vita,* wie der Dämon nun zusammen mit den Ausscheidungen der Frau durch ihre Schamteile ausfährt (Vita, S. 221) – eine Vorstellung, die nicht so ganz zu Hildegards distanzierten Überlegungen über die Besessenheit passen will. Jedenfalls ist und bleibt Sigewiza seit dieser Osternacht geheilt und bleibt als Schwester in Hildegards Kloster, in dem sie so viel Heilsames erfahren hat.

Versuch einer Deutung

In dieser Erzählung läßt sich bei aller bleibenden Fremde Wertvolles entdecken. Hildegards Distanzierung von den Besessenheitsvorstellungen ihrer Zeitgenossen ist getragen vom grenzenlosen Optimismus, daß ein göttlicher Kern auch dem absonderlichsten und abstoßendsten Menschen bleibt. Der/das Böse hat keine Macht über das, was den Menschen zum Menschen macht. Hildegards Vorstellung weist nicht nur die Macht des Teufels in Schranken, sondern auch alle menschlichen Heilsmechanismen. Mit der Distanzierung von einer tatsächlichen Besessenheit durch den Teufel nämlich ist zugleich eine Distanzierung von durch Menschen ausgesprochenen Exorzismen verbunden, die sich letztlich als wirkohnmächtig erweisen. Es scheint, als enthalte schon diese mittelalterliche Erzählung eine gehörige Portion Skepsis angesichts der Haltung vieler Menschen, in Verbindung mit dem Namen und der Gestalt Hildegards auf Patentrezepte und -lösungen zu hoffen, die nach ein- oder mehrmaliger Anwendung automatisch eine Heilung bewirken. Überliefert wird die Erzählung von Sigewiza im Kontext der Heilungswunder, die Hildegard als Heilige ausweisen sollen. Bei genauerer Betrachtung fällt jedoch auf, daß Hildegard hier gar nicht als die große Wunderheilerin auftritt. Wohl schafft sie die Rahmenbedingen dafür, daß sich das von Gott der kranken Frau zugedachte Heil ereignen kann.

Hildegard hat weder einen Exorzismus noch eine geheimnisvolle Rezeptur bereit. Die Heilung der Frau kann nur in einem langeren Prozeß geschehen, in dem mehrere heilsame Bedingungen ineinander greifen. Sigewiza wird in die Gemeinschaft der Schwestern integriert, sie ist nicht länger allein und immer nur auf sich und ihr Elend verwiesen. In der Gemeinschaft wird sie bejaht und in ihrem So-Sein angenommen. Sie hat offensichtlich nicht die Kraft, aus sich selbst heraus sofort und endgültig ein unauffälliger und „normaler" Mensch zu werden, aber diese Kraft wird ihr auch von niemandem abverlangt. Dafür bemühen Hildegard und ihre Schwestern eine andere Kraft: Mit der Aufnahme in die Gemeinschaft sind Solidarität und Stellvertretung verbunden, beide sprengen sogar die Grenzen des Konvents auf dem Binger Rupertsberg. Da die kranke Frau selber zu schwach ist, fasten und beten Hildegard, ihre Schwestern und die Männer und Frauen der Umgebung für sie. Außerdem führt Hildegard mit der Frau Gespräche, die der Wahrheitsfindung dienen. Das, was der Mensch „äußert", kommt ja im wörtlichen Sinne aus ihm heraus, es kann im Gespräch angeschaut und bearbeitet werden und hat dann keine Macht mehr über ihn. Diese Erfahrung steckt wohl auch hinter dem antiken und mittelalterlichen Bild, daß Dämonen, nachdem sie als solche benannt werden, aus Menschen ausfahren bzw. von ihnen ausgeschieden werden.

Die Benennung dessen, was richtig und was falsch, was Heil und was Unheil ist, ist wesentlich für den Heilungsprozeß der Frau. Heilung hat hier etwas mit Erkennen und Ent-Scheiden zu tun. Das paßt zu Hildegards Vorstellung, daß der Teufel den Menschen nicht wirklich besitzen, sondern nur sein Erkenntnisvermögen umnebeln kann. In der Gemeinschaft der Schwestern und Nachbarn des Klosters und im Gespräch mit Hildegard findet die kranke Frau zu ihrer Erkenntnisfähigkeit zurück. Die Nebel weichen. Bei der österlichen Taufwasserweihe erlebt auch Sigewiza ein Stück Ostern: Sie kann sich trennen von all dem Dunklen, das sie bisher bestimmt hat. Nun wird durch Gottes Hilfe Raum frei für das Wirken des Geistes, für Aufbruch, Klarheit und neues Leben. Sigewiza wird geheilt, indem sie erfährt, daß sie selber Teil der guten, von Gott gewollten heilen Schöpfung ist. Hildegards Heil-Kunst hat also sehr viel damit zu tun, die Bedingungen dafür zu schaffen, daß diese Erfahrung möglich wird.

Die Aufnahme der kranken Sigewiza in Hildegards Konvent am 2. Februar geschah nicht aus eigener Kraft, nun aber trifft sie selber die Entscheidung, daß sie fortan hier leben will. Mit der Erkenntnisfähigkeit ist offensichtlich auch die Lebenstüchtigkeit verbunden.

Ist diese Erzählung in ihrer symbolischen Tiefe nicht ein einzigartiger Beweis für die heilkundliche Kompetenz Hildegards?

DIE WUNDERBARE HEILUNG

Aber welche Welten liegen zwischen der Weisheit hinter dieser wunderbaren Heilung und den heutigen Rezepturen und Produkten der mittelalterlichen Kräuter- und Dinkelnonne! Patentlösungen sind unter dem Namen Hildegard von Bingen nicht zu finden, wohl aber läßt sich im Dialog mit ihrem Werk Tröstliches, Wertschätzendes, Lebensbejahendes und Heilsames finden im Hinblick auf das Heil, auf das hin jeder Mensch von Gott gewollt ist.

Zum Einstieg

CHARLOTTE KERNER, *„Alle Schönheit des Himmels."* Die Lebensgeschichte der Hildegard von Bingen, 1995.
MICHAELA DIERS, *Hildegard von Bingen*, 1998.
HEINRICH SCHIPPERGES, *Hildegard von Bingen*, 2001.

Auch ein sehr schönes Kinderbuch eignet sich für die allererste Begegnung:
JOSEF QUADFLIEG, *Hildegard von Bingen*. Mit Bildern von Renate Fuhrmann, 1997.

Werke und Vita Hildegards

Für den ersten Einstieg in die Lektüre der Werke Hildegards auf deutsch eignet sich die Auswahl:

Gott schauen. Hrsg. u. eingel. v. Heinrich Schipperges, 2001.

Scivias – Wisse die Wege. Eine Schau von Gott und Mensch in Schöpfung und Zeit. Übers. v. Walburga Storch, 1992 (Kurztitel = **Scivias**).

Der Mensch in der Verantwortung. Das Buch der Lebensverdienste – Liber Vitae Meritorum. Übers. v. Heinrich Schipperges, 1994 (Kurztitel = **Lebensverdienste**).

Das Buch vom Wirken Gottes. Liber divinorum operum. Übers. u. hrsg. v. Mechthild Heieck, 1998 (Kurztitel = **Wirken Gottes**).

Briefwechsel. Nach den ältesten Handschriften übers. u. nach den Quellen erläutert v. Adelgundis Führkötter OSB, 1990 (Kurztitel = **Briefwechsel**).

Lieder. Hrsg. v. Pudentiana Barth OSB, M. Immaculata Ritscher OSB u. Joseph Schmidt-Görg, 1969 (Kurztitel = **Lieder**).

Heilkraft der Natur – „Physica". Rezepte und Ratschläge für ein gesundes Leben. Übers. v. Marie-Louise Portmann, 1995 (Kurztitel = **Physica**).

Heilwissen. Von den Ursachen und der Behandlung von Krankheiten. Übers. v. Manfred Pawlik, 1991 (Kurztitel = **Ursachen**).

Vita sancate Hildegardis. Canonizatio sanctae Hildegardis. Lateinisch/Deutsch. Übers. u. eingel. v. Monika Klaes, 1998 (Kurztitel = **Vita**).

Lateinisch finden sich die Werke Hildegards als kritische Ausgaben in der Reihe *Corpus Christianorum, Continuatio Mediaevalis:*

Scivias (Band XLIII und XLIIIA, 1978).
Epistolarium Pars Prima und Pars Secunda (Band XCI, 1991 und XCIA, 1993).
Liber Vitae Meritorum (Band XC, 1995).
Liber Divinorum Operum (Band XCII, 1996).

KURZTITEL, LESE- UND HÖRTIPS

Für die übrigen Werke ist man nach wie vor angewiesen auf die Reihen:
Patrologia Latina (ed. J.-P. Migne), Band 197, 1855, 1882, 1952.
Analecta Sacra (ed. J. B. Pitra), Band VIII, 1882, 1966.

Vertiefende Sekundärliteratur

Hildegard von Bingen 1179–1979. Festschrift zum 800. Todestag der Heiligen, hrsg. v. Anton Ph. Brück, 1979.

Hildegard von Bingen. Prophetin durch die Zeiten. Zum 900. Geburtstag, hrsg. v. Edeltraud Forster und der Konvent der Benediktinerinnenabtei St. Hildegard Eibingen, 1997.

ELISABETH GÖSSMANN, *Hildegard von Bingen. Versuche einer Annäherung*, 1995.

BARBARA NEWMAN, *Hildegard von Bingen. Schwester der Weisheit*, 1995.

Tiefe des Gotteswissens, Schönheit der Sprachgestalt bei Hildegard von Bingen. Internationales Symposium in der Katholischen Akademie Rabanus Maurus Wiesbaden-Naurod vom 9. bis 12. September 1994, hrsg. v. Margot Schmidt, 1995.

JOSEF SUDBRACK, *Hildegard von Bingen. Schau der kosmischen Ganzheit*, 1994.

MICHAEL ZÖLLER, *Gott weist seinem Volk seine Wege. Die theologische Konzeption des ‚Liber Scivias' der Hildegard von Bingen (1098–1179)*, 1997.

CDs

Das Kölner Ensemble für Musik des Mittelalters, sequentia, hat das Gesamtwerk Hildegards bei der Deutschen Harmonia Mundi eingespielt:
Canticles of Ecstasy. DHM 05472-77320-2.
Voice of the Blood. DHM 05472-77346-2.
O Jerusalem. DHM 05472-77353-2.
Saints. DHM 05472-77378-2.
Ordo virtutum. DHM 05472-77394-2.

Ebenfalls hörenswert:

HILDEGARD VON BINGEN, „*O vis aeternitatis". Vesper in der Abtei St. Hildegard*. Schola der Benediktinerinnenabtei St. Hildegard, Eibingen, Johannes Berchmanns Göschl / Sr. Christiane Rath OSB. ARS MUSICI. AM 1203-2.

HILDEGARD VON BINGEN, *Laudes de Sainte Ursule*. Ensemble Organum, Marcel Pérès. Harmonia Mundi France. HMC 901626.

HILDEGARD VON BINGEN, *11.000 Virgins. Chants for the Feast of St. Ursula*. Anonymous 4. Harmonia Mundi France. HMU 907200.

Zeugen des Glaubens

● ● ● ● ● ● ● ● ● ● ● ● ● ● ●

David Berger
Thomas von Aquin begegnen
ISBN 3-929246-77-5

Hildegard Gosebrink
Hildegard von Bingen begegnen
ISBN 3-929246-76-7

Gerhard L. Müller
John Henry Newman begegnen
ISBN 3-929246-54-6

Karl Pörnbacher
Crescentia Höß begegnen
ISBN 3-929246-64-3

Joachim Reber
Romano Guardini begegnen
ISBN 3-929246-67-8

Marianne Schlosser
Bonaventura begegnen
ISBN 3-929246-63-5

Anton Schmid
Therese von Lisieux begegnen
ISBN 3-929246-36-8

Johanna Schmi
Papst Pius XII. begegnen
ISBN 3-929246-62-7

Michael Schulz
Karl Rahner begegnen
ISBN 3-929246-37-6

Gerd A. Treffer
Charles de Foucauld begegnen
ISBN 3-929246-51-1

Gerd A. Treffer
Johanna von Valois begegnen
ISBN 3-929246-50-3

Rudolf Voderholzer
Henri de Lubac begegnen
ISBN 3-929246-44-9

Sankt Ulrich Verlag